## 좌충우돌 만화로 보는 몽골제국사

### 만화로 보는 좌충우돌 몽골제국사

**초판 1쇄 발행** 2025년 1월 20일
**초판 2쇄 발행** 2025년 4월 30일

**지은이** 봉닭

**펴낸이** 조기흠

**총괄** 이수동 / **책임편집** 최진 / **기획편집** 박의성, 유지윤, 이지은 / **감수** 설배환
**마케팅** 박태규, 임은희, 김예인, 김선영 / **제작** 박성우, 김정우
**디자인** 이슬기

**펴낸곳** 한빛비즈(주) / **주소** 서울시 서대문구 연희로2길 62 4층
**전화** 02-325-5506 / **팩스** 02-326-1566
**등록** 2008년 1월 14일 제 25100-2017-000062호

**ISBN** 979-11-5784-728-0 03910

이 책에 대한 의견이나 오탈자 및 잘못된 내용은 출판사 홈페이지나 아래 이메일로 알려주십시오.
파본은 구매처에서 교환하실 수 있습니다. 책값은 뒤표지에 표시되어 있습니다.

- hanbitbiz.com ✉ hanbitbiz@hanbit.co.kr ❖ facebook.com/hanbitbiz
- post.naver.com/hanbit_biz ▶ youtube.com/한빛비즈 ⓘ instagram.com/hanbitbiz

Published by Hanbit Biz, Inc. Printed in Korea
Copyright ⓒ 2024 봉닭 & Hanbit Biz, Inc.
이 책의 저작권은 봉닭과 한빛비즈(주)에 있습니다.
저작권법에 의해 보호를 받는 저작물이므로 무단 복제 및 무단 전재를 금합니다.

지금 하지 않으면 할 수 없는 일이 있습니다.
책으로 펴내고 싶은 아이디어나 원고를 메일(hanbitbiz@hanbit.co.kr)로 보내주세요.
한빛비즈는 여러분의 소중한 경험과 지식을 기다리고 있습니다.

좌충우돌 만화로 보는 교양툰

# 몽골제국사

봉닭 글·그림
설배환 감수

한빛비즈
Hanbit Biz, Inc

# [차례]

| | | |
|---|---|---|
| 1화 | 부부 이야기 | 006 |
| | [좌충우돌 칼럼] 제주도에 자리 잡은 몽골인 | |
| 2화 | 폭풍 전야! 몽골제국 이전의 유라시아 | 022 |
| | [좌충우돌 칼럼] 테무진이 '칭기즈 칸이' 되기까지 | |
| 3화 | 제국의 등장 | 044 |
| | [좌충우돌 칼럼] 칸과 카안 | |
| 4화 | 제국의 분열 | 062 |
| | [좌충우돌 칼럼] 쿠빌라이와 고려 태자의 운명적 만남 | |
| 5화 | 제국의 몰락 | 078 |
| | [좌충우돌 칼럼] 몽골제국? 원나라? | |
| 6화 | 천체가 뒤바뀐다! 제국의 천문과학 | 094 |
| | [좌충우돌 칼럼] 몽골제국 아래의 천문학 교류 | |
| 7화 | 센베노! 안녕하세요! 고려인의 외국어 공부 | 111 |
| | [좌충우돌 칼럼] 제국 통치의 윤활유, 외국어 공부 | |
| 8화 | 유라시아, 소주에 취하다! | 126 |
| | [좌충우돌 칼럼] 술은 석 잔까지! | |
| 9화 | 왕실 사냥과 하늘을 가르는 매 | 141 |
| | [좌충우돌 칼럼] 매를 그리며 영웅을 꿈꾸다 | |
| 10화 | 어서 오세요, 제국의 잠치! | 161 |
| | [좌충우돌 칼럼] 우구데이 카안과 잠치 | |

**11화** | **이탈리아 상인, 중국에 가다** | 178
[좌충우돌 갈림] 마르코 폴로는 정말 중국에 갔을까?

**12화** | **제국을 수놓은 비단** | 198
[좌충우돌 갈림] 유럽에 전해진 아시아의 직물

**13화** | **상도와 대도, 두 도시 이야기** | 214
[좌충우돌 갈림] 카안이 자리를 비운 사이

**14화** | **청화백자, 유라시아를 물들이다** | 239
[좌충우돌 갈림] 몽골제국에 수출된 고려청자

**15화** | **안경에 깃든 유라시아** | 255
[좌충우돌 갈림] 13세기 세계시스템

**16화** | **제국의 말과 재앙의 메뚜기** | 273
[좌충우돌 갈림] 몽골제국과 메뚜기

**17화** | **설씨 가문의 기묘한 모험** | 293
[좌충우돌 갈림] 그대의 한어는 마치 몽골인과 같구나

**18화** | **질병에 맞서 싸우는 제국** | 319
[좌충우돌 갈림] 《회회약방》과 《보서》

**19화** | **중세를 불태우는 화학 열풍** | 336
[좌충우돌 갈림] 훌레구 울루스의 공성전

**20화** | **14세기의 위기** | 354
[좌충우돌 갈림] 고기후 데이터와 '14세기의 위기'

맺음말 | 378
참고문헌 | 380

고려 말, 제주도.
이곳에 한 부부가 살았는데

아내는 정 씨, 남편의 이름은 석곡리 보개였다.

*석곡리 보개:
'석곡리의 부카(몽골어로 황소)'라는 뜻

# 1화
# 부부 이야기

1105년에 고려의 영토가 된 제주도는

몽골과의 전쟁, 삼별초와의 전투 등
여러 굵직한 사건을 거치면서

몽골제국의 통치를 받는 섬이 되었다.

몽골 정부는 제주도 통치와 일본 공략 등을 위해
다양한 외국인을 섬으로 이주시켰고

이들은 새로운 환경에 적응하기 위해 제주도 주민과 자연스럽게 교류를 시작했는데

그 사이에서 작게는 생필품부터, 크게는 가축을 기르는 기술이 오갔으며

혼인은 이러한 관계의 한 형태였다.

이들은 대원(大元), 즉 '몽골제국'을 고향으로 삼아 새 가문을 이루었고

이 가족들은 조선 시대까지 이어집니다.

정씨와 석곡리 보개도 그중 하나였다.

하지만 이들의 관계는 몽골제국의 몰락과 함께 파국을 맞았다.

고려가 몽골을 몰아낸
명나라를 지지한다는 소식이 전해지자

목호들이 고려 정부의 결정에 저항했기 때문이다.

석곡리 보개 역시 목호의 일원으로 전투에 참여했지만

고려 군대에 맞서 싸우다 끝내 전사했다.

갑작스럽게 남편을 잃은 정씨는 이후 주변의 권유에도
재혼하지 않았다.

부부의 비극적 최후는
앞으로 살펴볼 이야기를 함축적으로 보여준다.

몽골제국을 건설한 칭기즈 칸과 그의 후손들은

제국을 확장하면서 유라시아의 다양한 세력과 충돌했다.

이 과정에서 대학살과 파괴가 일어났지만

동시에 문화와 지식의 교류도 이루어졌다.

이러한 교류는 몽골제국이 무너진 뒤에도
세계사에 영향을 미쳤다.

몽골의 후계자를 자처하는 나라들이 유라시아 곳곳에서 등장했고

몽골제국 아래에서 확장된 세계관은 역사의 새로운 장으로 이어졌다.

[좌충우돌 갈림]

## 제주도에 자리 잡은 몽골인

1273년, 몽골제국은 제주도를 지배하기 위해 '탐라초토사'라는 기구를 설치했습니다. 이후 목축업자 등 다양한 외국인이 제주도에 찾아왔죠.
그 가운데 일부는 선주민과 결혼해 '대원(대몽고국)'을 본관*으로 내세우는 가문도 등장했습니다. 이들은 탐라총관부가 사라진 뒤에도 제주도에 남겠다고 했어요.
이후 국제 정치의 혼란 속에서 고려 정부와 목호가 충돌하는 사건(목호의 난)이 발생하고, 수많은 사람이 목숨을 잃었습니다. 물론 일부 가족은 그 속에서 살아남아 조선 시대까지 명맥을 이어갔지요.
그러나 한반도에 미치는 몽골의 영향력이 감소하고 제주도에 성리학이 전해지면서 '대원'이라는 출신지는 '오랑캐의 후손'이라는 꼬리표가 되었습니다.
결국 '대원'을 본관으로 삼는 가문은 19세기에 접어들면서 역사 속으로 사라졌어요.

*본관: 가문을 세운 조상님의 출신지

몽골제국의 흥망성쇠는 역사적으로 중요한 순간이었다.

하지만 본격적인 이야기에 앞서
그들이 아직 등장하지 않은 중세 유라시아 세계를 살펴보자.

# 2화
# 폭풍 전야!
# 몽골제국 이전의
# 유라시아

중국 대륙은
오랫동안 제국의 지배를 받았다.

그러나 이 시대에는
북방 민족이 북중국의 패권을 다투었고

그들에게 주도권을 빼앗긴 송나라가 남중국을 다스렸으며

탕구트인의 서하가 두 세력 사이에서 균형을 유지했다.

세 나라가 중국에서
불편한 동거를 이어가고 있었던 것이다.

한편 한반도와 일본은 서로 비슷한 상황 속에 있었는데

무인들이 왕실에 버금가는 권력을 장악한 것이다.

인도양과 동아시아를 연결하는
동남아시아의 상황도 바뀌고 있었다.

오랜 기간 해상 무역을 장악했던 스리비자야가 쇠퇴하면서

향신료 교역으로 유명한 자바섬이
새로운 경제 중심지로 성장했으며

그 밖의 다양한 왕조들이 각자의 전성기를 누리고 있었다.

그 와중에 몽골제국보다 먼저
유라시아를 뒤흔든 유목민이 있었으니

바로 튀르크인이었다.

'튀르키예' 등의 나라 이름도 그들로부터 유래했죠!

튀르크인은 처음에 중앙아시아 초원에 살았지만, 여러 사건을 겪으면서 서쪽으로 이주했고

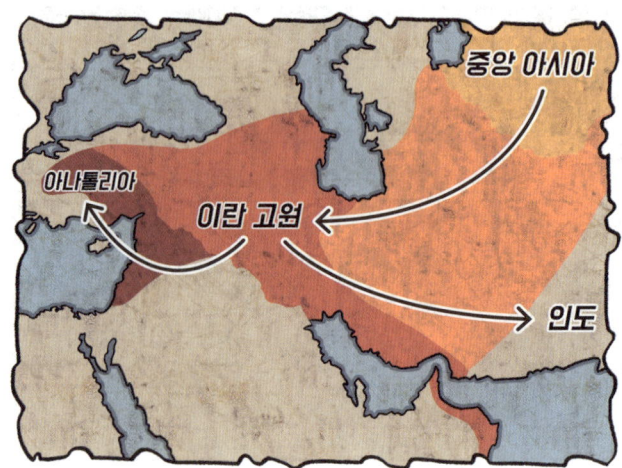

이 과정에서 수많은 왕조를 건설했는데

그 절정은 중앙아시아부터 지중해에 이르는 '셀주크 제국'이었다.

물론 머지않아 붕괴했지만

*셀주크 제국은 1194년에 멸망

셀주크 제국의 빈자리에
수많은 후계 정권이 등장했으며

그 가운데서 두각을 드러낸 것이 중앙아시아의 호레즘 왕조였다.

한편 유럽 대륙에서는

지중해를 무대로 이런저런 전쟁이 벌어졌는데

이때 그리스어와 아랍어로 작성된 수많은 책이 유럽 사회에 전해졌다.

*《자연학》: 자연계에 대한 고찰을 담은 아리스토텔레스의 저서

그리하여 동방의 지식을 번역하는 사업이 활발하게 이루어졌고

중세 유럽은 이를 토대로 문화 부흥을 이루었다.

이처럼 몽골제국 이전의 유라시아는
크고 작은 세력이 복잡하게 연결되어 있었다.

그럼 칭기즈 칸 이전의 몽골 초원은 어떤 모습이었을까?

엄밀하게 말하면 아직 '몽골 초원'은 아니죠!

튀르크계 위구르 제국이 다스렸던 몽골 초원.

9세기 중반, 그들이 멸망하면서
중앙아시아에 힘의 공백이 생겼다.

위구르 제국
(744년~9세기 중반)

이후 동쪽의 유목민들이 틈새시장을 노리고
몽골 초원으로 이주해왔는데

그 가운데 몽골인의 선조도 있었다.

그러나 초원의 기후가 냉혹해지면서
자원을 둘러싼 분쟁이 자주 발생했고

북중국을 지배한 거란과 여진이
여기에 개입하면서 혼란을 더했다.

칭기즈 칸의 가문도 여기에 휘말려
여러 목숨을 잃었으니…

아버지를 여의고 주변의 탄압을 받는 소년의 미래는 불투명했다.

[좌충우돌 감럼]

## 테무진이 '칭기즈 칸'이 되기까지

1162년, 테무진은 몽골의 지도자인 예수게이의 아들로 태어났습니다. 테무진이 열 살 남짓 되었을 무렵, 예수게이가 평소 적대하던 타타르인에게 독살당하는 사건이 벌어졌죠.
이후 영향력을 상실한 테무진의 가족은 주변의 탄압을 받으면서 곤궁한 생활을 보냈어요.
성인이 된 테무진은 아버지의 맹우 옹 칸, 의형제 자무카 등의 지원을 받으면서 힘을 키웠습니다. 그가 이끄는 몽골은 곧 주변 세력을 차례차례 격파하면서 초원의 강자로 부상했죠.
마침내 테무진은 옹 칸과 자무카마저 제거하고 초원의 오랜 내분을 끝냈습니다. 그리고 마침내 1206년 귀족회의에서 '칭기즈 칸(강한 군주)'으로 추대됐어요.

이따금 '세계정복자'라고 불리는 칭기즈 칸.

실제로 그의 후손들이 유라시아를 아우르는 대제국을 건설했지만 처음부터 그런 큰 그림을 계획한 것은 아니다.

# 3화
# 제국의 등장

가족과 동료의 도움을 받아
소년 시절의 위기를 극복한 테무진.

과거에 자신을 지원했던 자무카와 옹 칸을 제거하고

1206년 '칭기즈 칸'으로 즉위해 몽골 초원을 통합했다.

'칸'이라는 자리는 본래 '유목민의 지도자'를 의미한다.

하지만 다양한 사람을 받아들이면서
몽골인의 세계관이 확장됐고

중앙아시아의 복잡한 이해관계는 주변 국가와의 전투로 이어졌다.

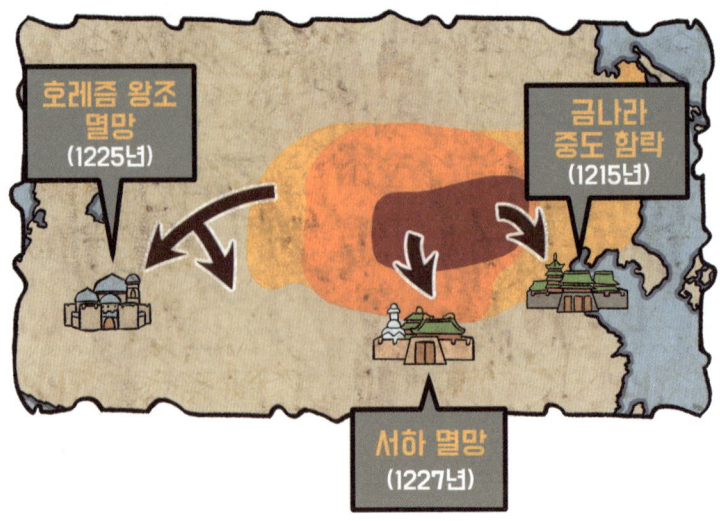

몽골제국은 어느 순간부터 변화한 현실을 인식했고

새로운 환경에 맞는 명분과 전략을 세우기 시작한 것이다.

칭기즈 칸이 사망하자,
셋째 아들 우구데이가 제국을 이끌었다.

주치   차가다이   우구데이   톨루이

그는 유목 사회의 최고 군주를 의미하는
'카안'이라는 칭호를 사용했고

유라시아를 뒤흔들 본격적인 '세계 정복'에 나섰다.

동쪽으로는 금나라를 멸망시키고 고려를 공격했으며

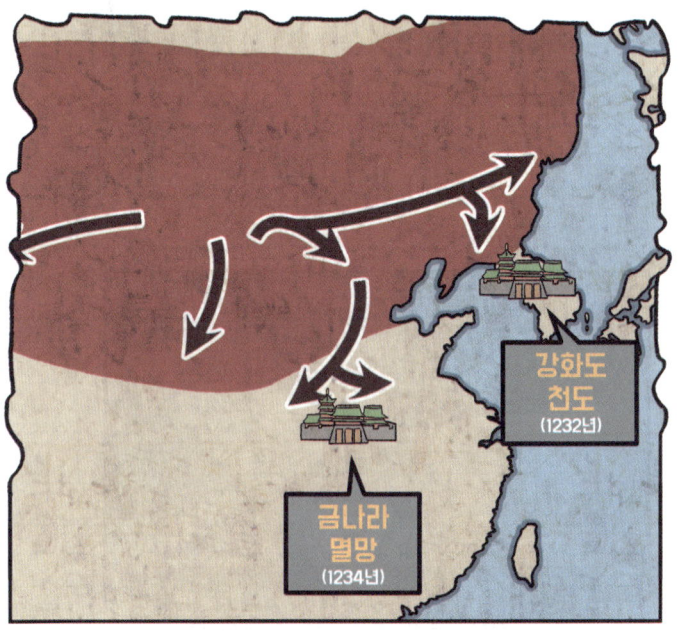

서쪽으로는 크고 작은 국가들을 무너뜨리고 동유럽에 이르렀다.

칭기즈 칸의 첫째 아들 주치의 가문이 서방 원정을 이끌면서 세력을 키웠죠.

하지만 1241년 우구데이가 사망하면서 모든 전쟁이 일시적으로 중단,

머지않아 그의 아들 구육이
어머니 투레게네의 지원을 받아 즉위한다.

그는 칭기즈 가문 안의 경쟁자들을 견제하려고 했지만

고작 몇 년 만에 사망했다.

시간을 거슬러 올라가서 우구데이가 카안으로 즉위할 즈음,

칭기즈 칸의 막내아들 톨루이가 형의 즉위를 방해하고

*말자상속: 다른 형제가 독립한 뒤, 막내아들이 가족을 돌보며 부친의 유산을 물려받는 전통

의문의 죽음을 맞이했다.

이후 우구데이는 톨루이의 가족을 정치적으로 탄압했는데

구육이 사망하면서
톨루이 가족에게 기회가 찾아온 것이다.

툴루이 가문은 구육과 대립했던 주치 가문과 연합,

1251년, 툴루이의 첫째 아들 뭉케를 새로운 카안으로 즉위시켰다.

뭉케는 자신의 가족을 탄압했던 우구데이 가문을 숙청했고

이후 중동과 송나라를 정복하기 위해 군대를 움직였다.

이 전쟁으로 몽골제국은 다시 한 번 혼란에 휩싸였다.

[좌충우돌 갈럼]

## 칸과 카안

'칸'은 12~13세기 유목 사회의 군주를 가리키는 칭호입니다. 본래 이름 뒤에 '칸'을 붙이거나 새로운 칭호를 만든 다음, 뒤에 '칸'을 붙여 부르죠.
한편 우구데이가 사용한 '카안(카간/大칸)'이라는 칭호는 초원의 최고 군주를 가리키는 말입니다. 칭기즈 칸이 살아있던 시절에는 사용하지 않은 칭호였죠. 즉 '카안'은 여러 명의 '칸'을 거느린 유일무이한 최고 군주입니다.
카안은 '영원한 하늘의 힘'이 부여한 축복에 힘입어 세계 지배권을 갖는다고 여겨졌습니다. 카안은 유목 지역을 넘어 농경 지역까지 통치할 수 있는 것으로 이해되었죠. 이는 몽골제국이 응징이나 약탈에 머물지 않고 세계 제국을 건설하겠다는 의지의 표현이기도 했어요.

좌충우돌 몽골제국사

칭기즈 가문의 숙원을 이루기 위해 세계 정복에 나선 뭉케.

그러나 제국 안에서는 내전의 불꽃이 피어오르고 있었다.

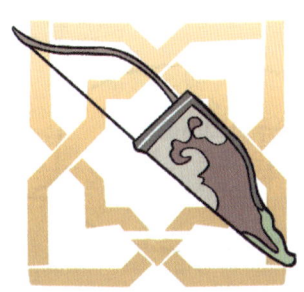

# 4화
# 제국의 분열

몽골제국사를 이해하는 데 필수적인 개념 '울루스'.

군주의 지배를 받는 유목민 혹은 그 집단을 의미하죠.

12세기 후반의 몽골 초원은
다양한 울루스로 나뉘어 있었지만

칭기즈 칸에 의해 '몽골'이라는 하나의 울루스로 통합됐다.

그러나 동생과 아들들에게 제국을 나누어주면서
다시 여러 개의 울루스가 생겼고

그 제왕들이 백성과 영토를 분배하면서
수많은 울루스가 만들어졌다.

즉, 몽골제국은 칭기즈 가문이 다스리는
크고 작은 울루스의 집합체.

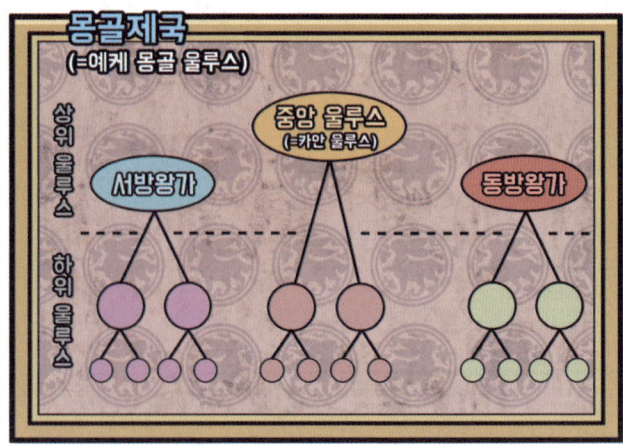

귀족 회의를 통해 선출된 '카안'이 최고 군주로 인정을 받았지만

점차 울루스에 미치는 영향력을 두고 카안과 제왕들이 충돌했다.

뭉케의 군사 원정은 이처럼 위태로운 기반 위에 있었다.

한편 뭉케는 막냇동생 아릭부케에게 수도를 맡기고

또 다른 동생 쿠빌라이와 송나라를 공격했다.

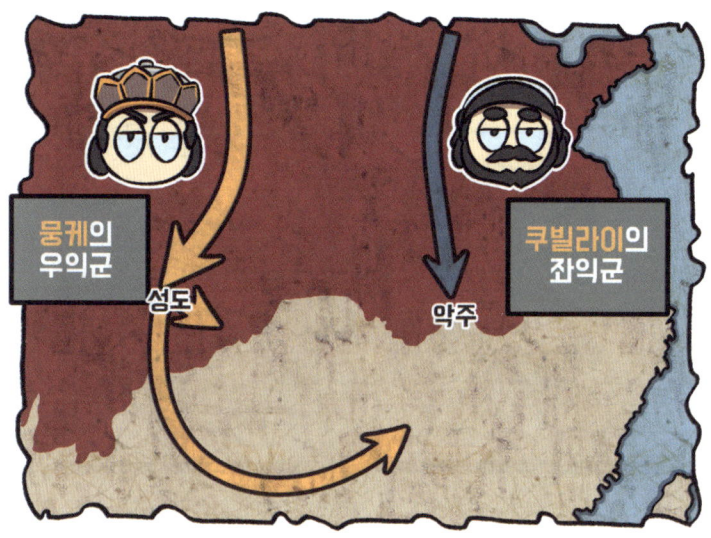

하지만 그가 중국 사천 지방에서 갑작스럽게 사망!

카안의 죽음으로 어수선한 가운데 쿠빌라이에게 속보가 전해졌다.

막냇동생이 카안이 되는 꼴을 볼 수 없어 쿠빌라이는 전쟁을 멈추고 서둘러 북상,

1260년 자신의 본거지에서 귀족 회의를 열고 카안을 자칭했다.

제국의 카안은 단 한 명, 몽골제국의 내전이 시작된 것이다.

그러나 결정적 승부를 가르지 못한 채 시간이 흘러갔다.

그런데 아릭부케의 세력이
보급품 부족과 지지층 이탈로 와해,

1264년 아릭부케가 쿠빌라이에게 항복하면서
내전이 끝났다.

사실 쿠빌라이의 승리 뒤에는
은밀한 정치적 거래가 있었다.

제왕들의 오랜 골칫거리였던 카안의 영향력을
양보하겠다고 약속하자,

훌레구의 군대가 주치 울루스의
내전 개입을 막았고

알구의 군대가 아릭부케의 보급을 차단한 것이다.

쿠빌라이는 우여곡절 끝에 카안의 자리에 올랐지만

몽골제국을 구성하는 각 울루스의 독립성은 이전보다 강화됐으며

그 속에서 쿠빌라이 통치에 도전하는 세력도 나타났다.

이러한 제국의 위기 속에서 쿠빌라이의 시대가 시작됐다.

[좌충우돌 갈림]

## 쿠빌라이와 고려 태자의 운명적 만남

고려와 몽골제국 사이의 전쟁이 어느덧 30년에
이르렀습니다. 국토는 폐허가 됐고, 수많은 사람이
목숨을 잃었죠. 더 이상의 항전에 어려움을 느낀
고려 정부는 몽골과의 협상에 나섰습니다.
그리고 1259년 4월, 고려의 태자 왕전(王倎)이
뭉케 카안을 만나기 위해 길을 떠났어요.
그러나 송나라 원정에 나섰던 카안이 중국 사천 지방에서
사망하고 말았습니다. 낙동강 오리알 신세가
된 태자는 허탈하게 귀국길에 올랐죠.
그런데 여기서 웬 군대를 발견합니다. 바로 아릭 부케의
즉위를 저지하기 위해 북상하던 쿠빌라이의 좌익군이었죠.
《고려사》는 쿠빌라이가 왕전을 만난 것이
하늘의 뜻이라면서 기뻐했다고 전합니다.
이 운명적인 만남은 훗날 몽골제국과 고려 왕실이
긴밀한 관계를 맺는 계기가 되었어요.

우여곡절 끝에 카안으로 즉위한 쿠빌라이.

하지만 그의 앞에는 다양한 과제가 놓여 있었다.

# 5화
# 제국의 몰락

쿠빌라이는 권력을 강화하기 위해 다양한 제도를 마련했고

제국의 영향력을
확대하기 위해
대규모 군사 원정에
나섰지만,

항상 성공적인 건 아니었다.

또 중앙아시아의 카이두가 세력을 키우면서
쿠빌라이를 위협했고

카안의 권력 강화에 위협을 느낀 동방 왕가도 반란을 일으켰다.

쿠빌라이는 동방 왕가의 반란을 성공적으로 진압,

하지만 카이두를
끝내 굴복시키지 못했다.

이 내전은 두 사람이 사망한 뒤 후손들의 화해로 마무리됐으며

오랜 갈등을 겪었지만,
여전히 각 울루스는 카안을 정점으로 하는 제국의 틀 속에 있었다.

그렇다면 평화를 되찾은 몽골제국은 왜 붕괴했을까?

역사학자들은 그 이유를 설명하기 위해 다양한 주장을 내놓았다.

우선 쿠빌라이와 비교했을 때 후손들의 수명은 너무나 짧았고,

05. 쿠빌라이
(80세 사망)

06. 테무르 (42세 사망)
07. 카이샨 (31세 사망)
08. 아유르바르와다 (36세 사망)
09. 시데발라 (21세 사망)
10. 이순 테무르 (34세 사망)

아라기바 (8세 사망)
11. 툭 테무르 (28세 사망)
12. 코실라 (28세 사망)
13. 이린지발 (6세 사망)
14. 토곤 테무르 (49세 사망)

몇몇은 죽음에 이른 과정도 끔찍했다.

카안의 교체가 잦아질수록 권위는 더욱 약해졌고

거듭된 계승 분쟁은 제국의 지배층을 분열시켰다.

정통성이 부족한 카안은 자신의 측근에게
막강한 권력을 집중시켰고

그들이 성장할수록 카안의 영향력은 상대적으로 축소되었다.

*권신: 카안을 위협할 만큼 강력한 권력을 지닌 신하.

지구의 환경적인 요인도 위기를 불러왔는데

전염병이 사회와 경제를 마비시키고,
기후 변화가 제국의 농업에 타격을 입힌 것이다.

모두가 살기 힘든 시대에 반란군이 나타나는 건 너무나 당연한 일.

그 가운데 주원장이 이끄는 홍건적은
몽골제국을 중국에서 몰아내고

명나라를 건국했다.

하지만 이것이
몽골제국의 끝은 아니었다.

여전히 강력한 울루스들이
유라시아 각지에 남아 있었고

몽골제국의 정체성을 계승한 정권은
이후에도 끊임없이 등장했다.

'제국'이라는 형태는 무너졌지만,
그 유산이 오래도록
유라시아에 남아 있었던 것이다.

[좌충우돌 갑림]

## 몽골제국? 원나라?

1271년 쿠빌라이 카안은 '대원(大元)'이라는 중국식 왕조 이름을 반포했습니다. 그래서 혹자는 쿠빌라이 이후의 카안 울루스를 몽골제국에서 분리된 독립국가로 파악하고 이를 '원나라'라고 부르죠.
하지만 '대원'은 '대몽고국', 다시 말해 몽골제국의 한자식 별칭입니다. 결코 새로운 왕조의 이름으로 만들어진 것이 아니죠. 또 쿠빌라이 카안이 독립된 나라를 만들었다는 인식은 당대의 기록에서 찾아볼 수 없습니다.
쿠빌라이와 아릭 부케의 내전을 시작으로 몽골 지배층 사이에 수많은 분쟁이 발생했지만, 각 울루스는 카안을 정점으로 하는 '몽골제국'이라는 정체성을 오랫동안 유지한 것입니다.

인류는 천체의 움직임을 정확히 읽어내려고
수학과 과학을 발전시켰지만,

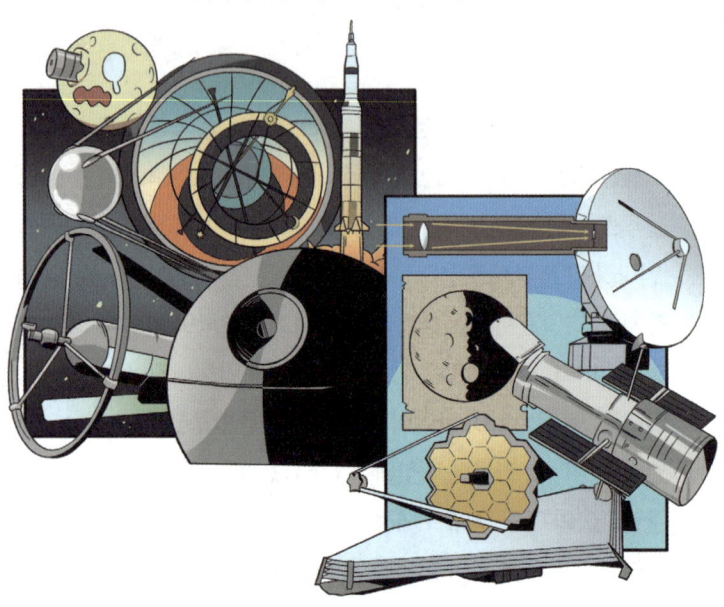

동시에 별하늘이
신비로운 메시지를 속삭인다고 생각했다.

# 6화
# 천체가 뒤바뀐다!
# 제국의 천문과학

그래서 몽골제국은 자신들의 행동을 뒷받침하는 천문 해석이 필요했고,

서로 다른 천문학이 그들의 궁정에 공존했다.

한편 4대 카안 뭉케에게는
한 가지 고민이 있었는데

나시르 앗딘 투시, 그는 누구인가?

하지만 뭉케 카안이 사망하면서
낙동강 오리알 신세가 되었다.

*뭉케의 사망과 몽골제국의 내전은 4화 참조

그렇게 나시르 앗딘 투시는 훌레구 아래에서
다양한 업적을 남겼다.

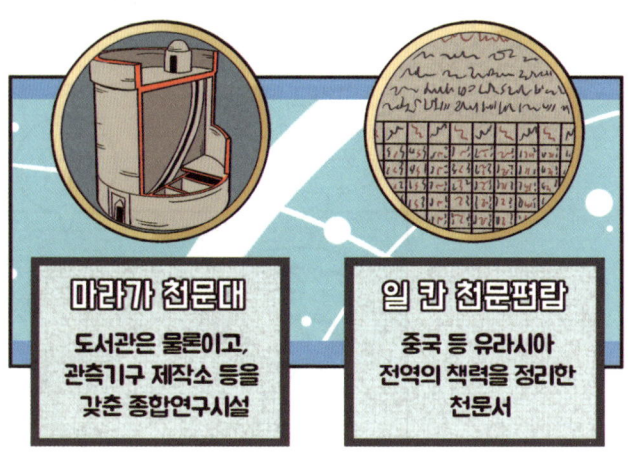

*책력: 월식과 일식 등 천체의 주기적인 움직임을 정리한 것

*여기서 사천대는 천문을 관할하는 관청. 천문대 그 자체는 아니다.

이곳을 통해 지중해 문명의 천문서가
동아시아에 전해지기도 했다.

*〈원론〉: '세계 최초의 수학 교과서'라고도 불리는 고대 그리스의 수학서
*〈알마게스트〉: 천동설의 이론을 정리한 고대 로마제국의 천문서

한편 고대부터 '새로운 책력'의 등장은
'새로운 시대'의 시작을 의미했다.

1276년, 마침내 몽골제국의 오랜 숙적이었던
송나라가 멸망하고

쿠빌라이는
새로운 책력을 만들기로 한다.

이 과감한 프로젝트를 완수하기 위해
최고의 인력과 자원이 투입되었고

수학자

기술자

중국과 이슬람의 천문기구

제국 방방곡곡에 수많은 천문대가 설치되었다.

마침내 1281년 '수시력'이라는 새로운 책력이 반포되고

그 계산이 너무나 정밀해
동아시아에서 수백 년간 사용되었다.

이처럼 몽골제국은 천문과학 분야에서 눈부신 성과를 거뒀지만

이렇듯 하늘을 향한
제국의 열망이
지식의 이동을 촉진했지만.

그것은 동시에
지식의 통합을 방해하는
장애물이었다.

[좌충우돌 갈럼]

## 몽골제국 아래의 천문학 교류

몽골제국의 지배층은 인간과 우주의 관계를 탐구하는 천문학에 상당한 관심을 가졌습니다. 그래서 수많은 천문학자가 몽골제국 아래에서 동분서주했죠. 그러나 동서의 지식을 융합한 사례는 쉽게 찾아볼 수 없어요. 우선 동아시아에 전해진 지중해 세계의 천문서가 한문으로 번역된 것은 몽골제국이 멸망한 이후였어요. 다음으로 쿠빌라이가 설치한 회회사천대와 한인사천대 사이에 적극적인 협력이 있었다는 증거도 보이지 않습니다. 마지막으로 무슬림 천문학자가 《수시력》 편찬에 참여했다는 기록도 찾아볼 수 없죠.
서로 다른 전통의 지식이 공존했지만, 융합하지 않았다. 몽골제국 시대의 과학 교류에서 이러한 특징이 나타나는 이유는 앞으로도 역사가의 연구가 필요한 부분입니다.

고려 시대의 외국어 교재 《노걸대》는
아래와 같은 대화로 시작한다.

7화
# 셴베노!
# 안녕하세요!
# 고려인의
# 외국어 공부

몽골제국과 고려의 관계는 순탄치 않았다.

오랜 전쟁으로 나라는 폐허가 됐고, 많은 사람이 목숨을 잃었다.

그럼에도 몽골과 고려의 관계는
시간이 흐르면서 안정기에 접어들었고

이때 필요한 건 다른 무엇도 아닌, 외국어 능력이었다.

한편 북중국은 오랜 기간 이민족의 지배를 받았고

여기서 다양한 언어가 뒤섞였으니,
그 속에서 만들어진 게 '한어'였다.

*한어(漢語): 거란어와 여진어의 영향을 받아 변형된 중국어

이후 몽골의 쿠빌라이 카안이
오늘날의 베이징으로 수도를 옮기면서

북중국의 한어는 제국 중심지의 언어가 되었다.

고려 말기에 쓰여진 외국어 교재는
그러한 시대 상황을 잘 보여준다.

특히 두 책은 회화집의 형태로, 오늘날의 교과서와 비슷했으며

몽골제국에서 생활하는 데 필요한 다양한 정보도 담고 있다.

또 외국어 공부를 향한
고려 사회의 관심도 잘 보여준다.

*《노걸대》의 실제 내용!

그렇다면 몽골어 교재도
존재했을까?

조선시대에 작성된 《경국대전주해》는 《거리라(巨里羅)》라는 책을 소개한다.

('거리라'는) 여우의 이름이다. 여우와 사자, 소가 묻고 답한 것으로 가정한 내용이다. 몽골제국의 학사 야크트가 번역한 것이다.

여기서 말하는 '거리라'는 원래 《칼릴라와 딤나》라는 책이다.

무슬림 지식인들은 몽골제국 초기부터 황실의 가정교사로 일했는데

그 서적들 가운데 일부가 한반도에서 몽골어 교재로 쓰인 것이다.

제국을 누볐던 수많은 고려인이 역사에 이름을 남기지는 못했지만,

[좌충우돌 감림]

## 제국 통치의 윤활유, 외국어 공부

몽골제국은 몽골어를 사용하는 소수의 지배층이 유라시아의 다양한 민족을 지배하는 구조였습니다. 그래서 서로 다른 언어의 원활한 소통이 중요한 과제였어요. 몽골 정부는 중국과 페르시아를 통치할 때 지역의 사정을 잘 알고 주민들과 무리 없이 소통할 수 있는 현지인을 관리로 선발했습니다. 그러나 대부분의 외국인은 몽골어를 사용하지 못했죠. 그래서 중앙정부에 보고서를 제출할 때는 그들에게 익숙한 중국어나 페르시아어로 본문을 작성하고, 거기에 몽골어 번역문을 첨부하도록 정했습니다. 또 중앙정부 차원에서 통역원(켈레메치)과 서기(비체치)를 대규모로 양성했습니다. 몽골어를 사용하지 못하는 신하가 궁전에 찾아갈 때는 반드시 통역원이 따라 다녔죠.
서기는 몽골어로 작성된 문서를 유라시아의 다른 언어로 옮기거나 그 반대의 작업을 했어요. 나아가 외국어 학습을 위한 사전도 속속 등장했습니다. 흥미로운 점은 두 개 이상의 언어를 설명하는 '다언어 사전'이 많다는 것이죠. 대표적으로 《무카디마트 알 아답》은 아랍어, 페르시아어, 튀르크어, 몽골어를 모아 놓은 사전입니다.
이렇듯 몽골제국의 통치자들은 자신들의 명령이 각 지역에 정확하게 전달될 수 있도록 심혈을 기울였습니다.

한국인이 소주를 마시기 시작한 건 비교적 최근의 일이다.

그리고 그 역사를 이야기할 때
빠질 수 없는 존재가 바로

# 8화
# 유라시아, 소주에 취하다!

본격적으로 술판을 시작하기 전에
과학 시간에 배운 개념을 떠올려 보자.

유라시아 주민들은
고대부터 독자적인 증류 기술을 발전시켰다.

그리스의 증류 기술을 계승한
중동의 지식인들은 생각했다.

증류기로 발효주의 알코올을 분리하면

봉 가는 최고의 술을 만들 수 있지 않을까!?

이른바 '증류주'가 탄생하는 역사적인 순간이었다.

증류기만 가지고 있다면 높은 도수의 술을 손쉽게 만들 수 있고

고밀도의 알코올 덕분에 술의 보존성도 뛰어났다.

중동의 증류주(아락)는 이러한 특징 덕분에 유라시아 전역으로 전해졌고

13세기 중국 대륙에서는 두 종류의 증류주가 유통되었다.

한편 술은 몽골제국의 음식 문화에서도 핵심 요소였다.

그들은 초원에서 쉽게 구할 수 있는 동물의 젖을 발효해서 술을 만들었는데

이게 여러모로 불편한 점이 많았다.

바로 그때 이슬람 문명의 증류 기술이 전해진 것이다.

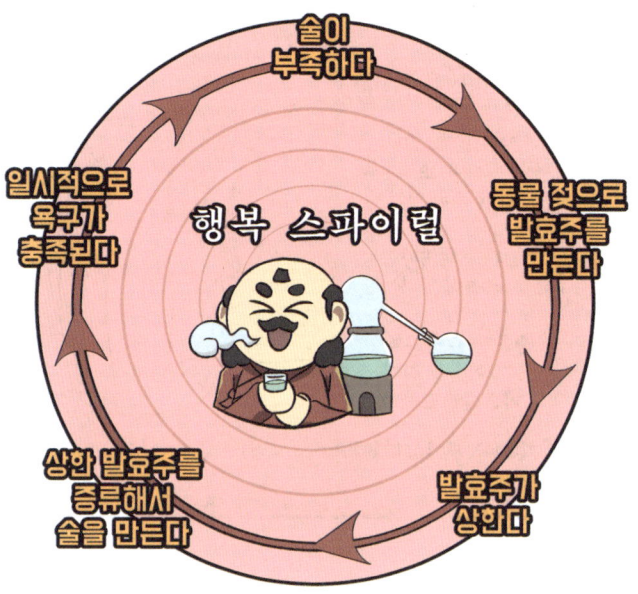

몽골의 지배를 받는 중국에서 대규모의 상업 증류소가 등장했고

황실 요리책은 증류주의 효능을 자세히 소개했다.

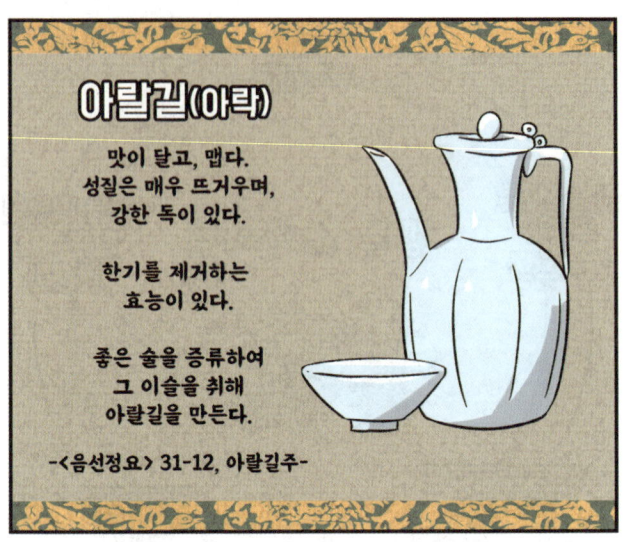

한편 몽골제국의 병사들은 단순한 구조의 증류기를 휴대했는데

그들이 향한 곳은 바로 고려였다.

한반도의 주민들은 고대부터 곡물 발효주를 주로 마셨지만

몽골제국과의 긴밀한 관계 속에서
아락과 소주(샤오죠우)가 전해진 것이다.

증류주는 처음에 지배층 사이에서 유통되는 값비싼 술이었지만

단순한 구조의 증류기가 알려지면서 서민들 사이에서도
증류주가 확산,

조선시대에도 현지화를 거듭하면서
한반도의 술로 정착했다.

이후 서양의 증류기가 들어오면서 균일한 품질의 소주를 대량 생산하게 된 것이다. 오늘날 한반도의 소주는 한류에 힘입어 전 세계로 수출되고 있다.

이처럼 중동에서 시작된 증류주 문화는 유라시아의
교역망 위에서 확산했고

몽골제국 아래에서 동아시아 사람들의 사랑을 받는
음식 문화로 정착했다.

[좌충우돌 갈럼]

## 술은 석 잔까지!

몽골은 알코올로 인한 사망자가 세계에서 가장 많은 나라 중 하나입니다. 그러다 보니 적당한 음주를 권장하는 옛날이야기도 아주 많죠. 그 가운에 이런 설화도 있습니다. 증류주가 초원에 확산할 무렵, 칭기즈 칸은 시각장애인, 손 없는 사람, 절름발이에게 그것을 마시도록 했습니다. 그러자 시각장애인은 눈이 멀쩡한 사람처럼, 손 없는 사람은 손가락이 멀쩡한 것처럼, 절름발이는 발차기를 할 수 있는 것처럼 행패를 부렸죠. 이 소식을 들은 칭기즈 칸은 "술이 이처럼 위험하다. 술 제조를 엄격하게 규제하며, 어길 시에는 사형에 처한다"고 선포했어요.
그러던 어느 날, 한 노부부가 "하늘로 뿌리면 천신께서 아시고, 아래로 뿌리면 용왕께서 아시니, 이 나라가 태평하기를 바라옵니다"라고 말하면서 칭기즈 칸에게 젖으로 만든 술을 진상하는 게 아니겠어요? 그들은 주조(酒造) 금지 명령을 알지 못한 것이죠. 그러자 칭기즈 칸은 "이것은 술이라기보다는 찬사이다. 그 품질은 동물의 젖으로 만든 것 가운데 최상이다. 앞으로 술은 중시하되, 규칙은 최소화하겠다. 술은 석 잔 마시면 사람을 용감하게 만들지만, 석 잔을 넘으면 사람을 어리석게 만든다. 그러니 앞으로 술을 마실 때는 석 잔만 마셔라" 하고 명령했답니다.

인류는 선사시대부터 다양한 목적을 가지고 사냥에 나섰다.

수렵 활동은 농업이 발달한 후에도 사라지지 않았는데

그 가운데 가장 호화로운 것은 단연 '왕실 사냥'이었다.

## 9화
## 왕실 사냥과
## 하늘을 가르는 매

왕실 사냥은 구성요소도 특별하지만

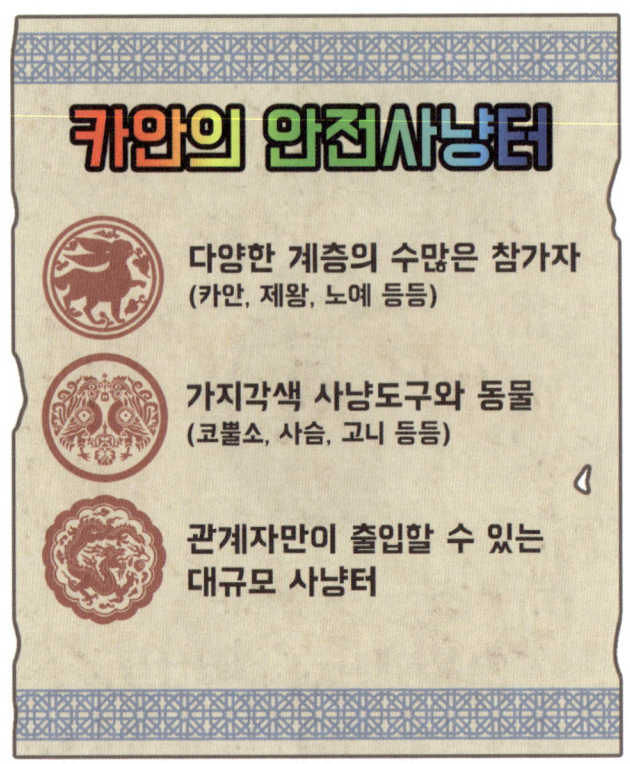

## 카안의 안전사냥터

- 다양한 계층의 수많은 참가자
  (카안, 제왕, 노예 등등)
- 가지각색 사냥도구와 동물
  (코뿔소, 사슴, 고니 등등)
- 관계자만이 출입할 수 있는 대규모 사냥터

"카안 한번 믿어봐~"

그 기능도 단순한 살육에 그치지 않았다.

이러한 왕실 사냥은 몽골제국에서도 중요한 이벤트였고,

카안을 필두로 수많은 인원이 정기적으로 사냥에 나섰다.

이때 제국 각지에서 가져온 다양한 자원이 투입됐는데

매도 사냥의 필수품 가운데 하나였다.

몽골제국의 매사냥은 대충 이런 식이다.

카안이 사냥에 나설 때 그의 곁에는
매를 관리하는 근위대가 함께했으며

매를 포획, 사육, 훈련하는
'응방'이라는 조직을 제국 곳곳에 설치했다.

### 궁궐에서
### 매와 관련된 업무를 담당하는
### 응사(시바우치)

**중앙**

### 매를 포획하거나
### 응사의 업무를 지원하는
### 응방호

**지방**

한편 고려의 충렬왕은 왕자 시절
쿠빌라이의 매사냥에 참가한 이후,

고려에 돌아와 응방을 설치했다.

첫 번째, 몽골 정부가 매를 요구할 때를 대비해서!

두 번째, 매는 몽골 지배층을 사로잡을 수 있는
중요한 상품이니까!

계획대로!

세 번째,
응방은 임금의 측근 세력을
양성할 수 있는 조직!

네 번째, 충렬왕의 개인적인 취미!

음방의 설치와 함께 매사냥을 위한 지침서가 고려에 등장하기도 했다.

매를 잡으려면 대규모의 인원이
광범위한 지역에서 움직여야 했는데

백성을 동원하는 문제를 둘러싸고
지역 사회와 시바우치가 충돌한 것이다.

또 매를 사육하는 데 막대한 비용이 들어갔으며

그 비용을 채운다면서 응방이 민간의 자원을 징발하기도 했다.

상황이 이러하니,
백성들에게 매는 결코 반가운 동물이 아니었다.

이처럼 왕실 사냥은 살육과 정치가 교차하는
야외무대였고.

그것을 가능하게 한 제국의 물류망 역시
이름 없는 자들의 희생 위에 서 있었다.

[좌충우돌 갈림]

## 매를 그리며 영웅을 꿈꾸다

앞에서 소개한 것처럼, 매는 몽골제국의 사냥에서 빠질 수 없는 동물이었습니다. 그 모습은 수많은 사람을 매혹했고, 당대 화가들 역시 이를 그림에 담아냈죠.
사실 매 그림은 고대부터 동아시아에 존재했습니다. 예술가들은 주로 새가 짐승을 사냥하는 모습에 주목했죠. 하지만 몽골제국 시대에는 자연 속에서 고고한 자태를 뽐내며 하늘을 주시하는 매의 모습이 인기를 얻었습니다. 짐승(간신과 도적)을 압도하면서 숲(인간 세계)의 평화를 지키는 존재(영웅)를 표현한 것이었죠.
나아가 몽골제국의 화가들은 매와 곰을 함께 배치하면서 그 의미를 더욱 강조했습니다. '매와 곰(鷹熊, yingxiong)'이 '영웅(英雄, yingxiong)'과 유사한 발음을 가진 걸 이용한 말장난이었죠. 고려의 정몽주도 이러한 〈응웅도〉를 보고 감상을 남겼습니다.

매와 곰이여,
내 응당 그림의 밖에서 너희를 본받아
내 용기 결행하고 나의 쇠퇴함 일으키리라.

한편 몽골제국의 매 그림은 중국을 넘어 한반도에도
전해졌습니다. 대표적으로 세종의 셋째 아들 안평대군은
몽골제국의 회화를 다수 소장했는데, 그 컬렉션 속에
매 그림 다섯 폭이 있었죠.
나아가 안평대군과 그의 후원을 받는 화가들(안견 등)이
몽골제국의 회화를 감상하는 모습도 상상해볼 수 있습니다.

폭발적인 물류의 시대에 살고 있는 우리.

편리해진 만큼 고통도 적지 않다.

그렇다면 몽골제국의 운송망을 지탱했던 '잠치'는 과연 어떤 모습이었을까?

잠치는 여행자에게 말과 숙식 등을 제공하는 편의시설을 의미하죠.

## 10화
## 어서 오세요, 제국의 잠치!

장거리 여행자에게 편의를 제공하는 시설은 고대부터 존재했지만

서아시아의 카라반사라이

중국의 마역과 수역

이슬람 문명의 바리드

몽골제국의 잠치는 이동 속도와 규모에서 독보적이었다.

잠치를 유지, 관리하는 집단을 '참호'라고 부르는데

그들은 필요한 물자를 직접 마련하는 대신
다양한 혜택을 받았다.

한편 몽골 정부는 잠치의 운영과 관리를 위해
다양한 제도를 마련했다.

경로를 정하고 거기서 벗어나는 것을 금지했으며

시설을 이용하기 위해 여행자는 몇 가지 준비물이 필요했다.

그러나 역참에는 다양한 손님들이 찾아왔고

자연스레 높은 지위를 이용해
행패를 부리는 진상도 나타났는데

임무가 끝났는데도 돌아가지 않고 잔치의 음식을 축내는 경우,

종교적 이유로 음식을 거부하면서 대뜸 날짐승을 요구하는 경우,

*할랄: 이슬람 사회에서 종교적으로 허용한 조리법으로 만든 음식

정부의 명령을 받아 출장을 가니 몇 달 치의 식비를
내놓으라는 경우,

정해진 경로에서 벗어나 잠치의 말을
사적인 목적으로 쓰는 경우.

필요한 물자를 직접 마련해야 하는 참호의 입장에서
이들은 큰 부담이었다.

몽골 정부는 시설 사용을 제한하고 참호에게 지원금을 전달했으나

행패를 부리는 손님들은 좀처럼 사라지지 않았다.

여기에 자연재해까지 더해지니
참호의 삶은 더욱 피폐해졌다.

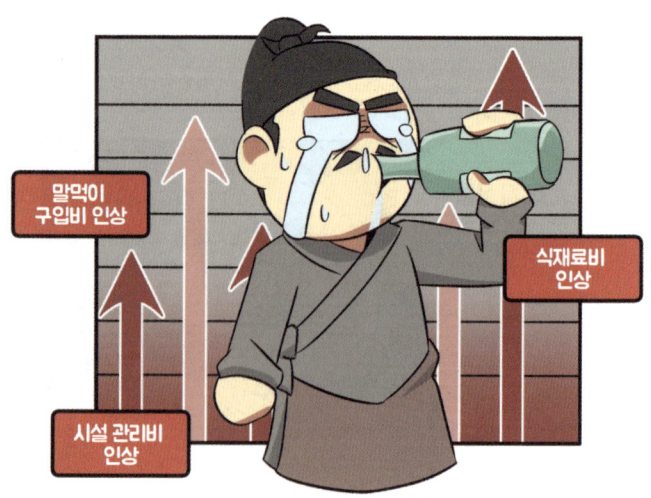

그들이 겪은 고통을
생각하면 슬프지만,
잠치가 가져온
변화도 무시할 수
없다.

이전까지 느슨했던 유라시아 연결망이
하나의 제국 아래 통합됐고,

여행자에게 편의를 제공하면서 사람과 물건의 이동을 도왔으며

머지않아 잠치를 중심으로 새로운 시장이 형성되었다.

오늘날의 고속도로 휴게소를 떠올려보세요!

이렇듯 잠치는 유라시아라는 우주를 수놓은 별자리였고,

[최충우돌 칼럼]

## 우구데이 카안과 잠치

잠치는 칭기즈 칸의 시대부터 존재했지만, 그 정확한 시작은
불명확합니다. 한 가지 확실한 사실은 그 제도가
2대 카안 우구데이의 시대에 대대적으로 정비됐다는
것이죠. 몽골제국 초기의 역사를 기록한 〈몽골비사〉는
그의 고민을 이렇게 전합니다.

"우리는 사신들이 달릴 때 백성이 사는 땅을
달리게 한다. 달리는 사신의 행함도 지체된다.
나라 백성들에게도 고통이다. 이제 우리는 완벽하게
정비하여 방방곡곡의 천호로부터 역참지기와
역마지기를 내어 자리자리마다 역참을 두어
사신이 쓸데없이 백성이 사는 땅을 따라 달리지 않고
길로 달리게 하면 옳지 않겠는가?"

우구데이 카안은 1229년에 즉위하고 머지않아 잠치의
운영 규정을 반포했습니다. 이용자는 패자와 허가서를
모두 소지해야만 시설을 이용할 수 있었습니다.
두 가지 모두 없는데 말을 지급한 경우, 혹은
두 가지 모두 있는데 말을 지급하지 않는 경우

모두 잠치의 관리자를 처벌했습니다.
하지만 여기에도 예외가 있었으니, 카안에게 진상할
물건을 운반하는 자, 외국의 사절단, 급한 임무를 띤 파발은
패자와 허가서가 없어도 잠치를 이용할 수 있었습니다.
그러나 이러한 특혜는 현장에 혼란을 가져왔습니다.
예를 들어 운반자가 '황실의 물건을 운반하는 것'이라
주장해도 그 사실을 보증하는 물건이 없었기에 참호의
관리자가 서비스 제공을 주저한 것이죠. 앞에서 소개한
복잡한 운영 규칙은 이러한 실패와 모순을 거듭하면서
발전한 것이었습니다.

중세 이탈리아의 상인들은 어쩌다 중국까지 오게 되었을까?

11화
# 이탈리아 상인, 중국에 가다

중세 이탈리아는 유럽의 다른 곳과 비교했을 때 특별했다.

도시는 강대국들 사이에서 자치 정부를 유지했으며

귀족은 무역과 금융업에 적극적이었고

지중해 한가운데 자리잡은
지리적 위치는 해상 무역에 적합했다.

이곳의 상인들은 세 대륙을 넘나들면서 다양한 상품을 거래했는데

이 과정에서 유럽의 경제를 한층 더 발달 시키기도 했다.

한편 십자군 전쟁은 이탈리아 상인에게도 중요한 전환기였다.

중동의 유럽인 점령지는
지중해의 중요한 항구로 기능했으며

이슬람 문명과의 잦은 접촉은
아시아의 상품과 지식을 가져다주었다.

특히 베네치아는 십자군을 도와
지중해의 강자 비잔티움 제국을 무너뜨렸고

이 사건을 계기로 이탈리아 상인의 흑해 진출이 보다 활발해졌다.

하지만 십자군 왕국이 차례차례 멸망하면서 상황이 달라졌다.

그러나 십자군 전쟁을 향한 유럽인의 열정은 예전 같지 않았다.

결국 가톨릭 교회가 내놓은 최선책은

*파문: 기독교 신도의 자격을 빼앗고 교단에서 쫓아내는 것

이슬람 문명과의 연결점을 잃은 이탈리아 상인들은

아시아의 상품을 구할 수 있는 새로운 시장이 필요했다.

그들이 찾아간 곳은 바로 몽골제국이었다.

갑자기?

이때 제국의 연결망은 대륙을 가로질러
동아시아까지 이어졌고

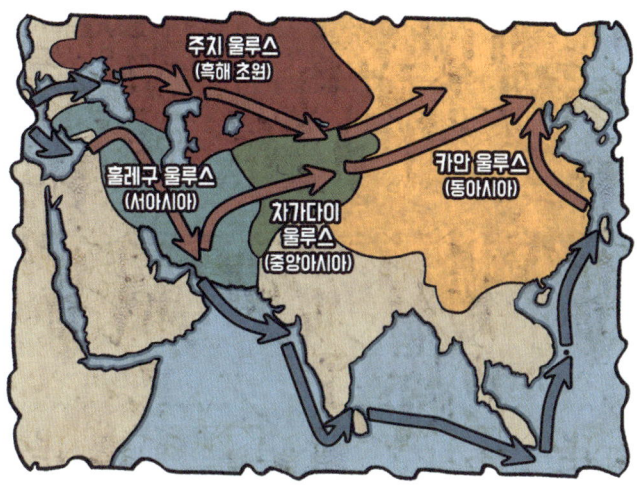

마음만 먹으면 흑해에서 중국까지 갈 수 있었다.

또 몽골 지배층은 그런 상인들을 다방면으로 지원했으니

이탈리아의 상업 안내서가 몽골과의 무역을 소개하기에 이르렀다.

우선 수염을 기르고 면도를 하지 않아야 한다… 좋은 통역을 구하는 데 돈을 아끼지 마라.

'발라쉬'라 불리는 지폐에는 군주의 인장이 찍혀 있다. 이 지폐로 원하는 물건을 살 수 있다.

하지만 이러한 만남도 오래가지 못했으니

날 떠나지 말아요. 제발!!

14세기 중엽, 유라시아 전역에 급격한 변화가 찾아오면서

무슬림 무역 제한 완화

제국의 붕괴로 인한 정치적 혼란

예쁜 누나 같이 놀래?

유라시아를 뒤흔든 흑사병

동아시아로 향하는 이탈리아 상인이 빠르게 줄어든 것이다.

횡~

이렇듯 이탈리아 상인들의
무모한 도전은
다양한 형태의 보물지도가 되어

아시아를 향한
유럽인의 항해를 추동한 것이다.

[좌충우돌 칼럼]

## 마르코 폴로는 정말 중국에 갔을까?

'마르코 폴로는 실존 인물일까? 그는 정말 중국에 갔을까?'
이 질문은 오늘날까지 역사학계에서도 논쟁거리입니다.
흔히 《동방견문록》이라고 불리는 마르코 폴로의 여행기는
그가 제노바의 감옥에 갇혔을 때 루스티켈로라는 사람이
기록한 것이라고 전합니다.
하지만 '감옥에서 기억을 더듬어 17년에 걸친 여정을
그토록 자세히 떠올릴 수 있을까?'라는 의문이 떠오릅니다.
이 밖에도 《동방견문록》의 과장된 설명과 모순되는 내용이
마르코 폴로를 의심의 눈으로 바라보게 만들었죠.
물론 여행기의 내용을 뒷받침하는 증거도 남아 있습니다.

첫 번째, 명나라의 《영락대전》은 1290년 음력 8월 17일
울루다이, 아비시카, 호자 등이 쿠빌라이의 명령을 받아
훌레구 울루스로 이동했다고 전합니다.
그런데 《동방견문록》에도 울루타이, 아푸스카,
코자라는 이름이 등장하죠. 마르코 폴로는
그들과 함께 인도양과 중동을 가로질러 베네치아에
돌아왔다고 기록했습니다.
두 번째, 1366년에 작성된 마르코 폴로의
유품 목록입니다. 여기에는 금실로 짠 비단, 불교의 염주와
함께 《동방견문록》에서 쿠빌라이가 그에게 주었다는 금패

등이 기록되어 있습니다.
물론 《동방견문록》은 수많은 사람의 손을 거치면서
조금씩 내용이 바뀌었습니다. 그렇지만 여러 증거를
종합해 볼 때 마르코 폴로가 실존 인물이고,
그가 몽골제국 아래의 유라시아를 직접 여행했다는 주장에
무게가 실리고 있죠.

요즘은 '실크로드'라는 용어에 비판적인 학자도 있지만

그럼에도 직물은 유라시아의 역사를 이야기할 때 빼놓을 수 없는 물건이다.

### 12화
# 제국을 수놓은 비단

직물은 초원의 유목민에게도
소중한 재산이었고

활용도도 다양하고, 휴대하기 간편하니까!

몽골제국 역시 다양한 지역의 비단을 눈여겨봤다.

그들은 전쟁에서 사로잡은 기술자들을 강제로 이주시켜

눈깜짝할 사이에
방직업의 중심지를 만들어내곤 했다.

쿠빌라이 카안 역시 새로운 수도를 건설하고

수천 명의 방직공을 다양한 지역에서 데려왔다.

이곳에서 생산된 대표적인 상품이 금실을 짜서 만든 '나시즈'이다.

중앙아시아에서 채굴된 황금은
기술자에게 보내져 금실이 되었고

그 금실로 만들어진 나시즈는 몽골 궁정에서 사용되거나

상인들의 손을 거쳐 유라시아의 다양한 지역으로 팔려갔다.

한편 직물은 동아시아의 미의식을
세계로 전파하는 매개체였고

몽골 지배층도 직물 속의 상징을 적절히 사용해 권위를 과시했다.

그리하여 서아시아 지역의 예술에도 동아시아의 전통 요소가 녹아든 것이다.

직물, 몽골제국(14세기), 독일 공예박물관 소장

몽골제국의 비단은 중동을 넘어 유럽까지 전해졌고

중세 이탈리아의 상업 안내서에서도 몽골 아래의 직물 교역을 자세히 소개했다.

*중국산 비단은 유럽에서 현지 가격의 세 배에 거래되었다고 한다.

*칸타르: 지중해 동부에서 사용되는 무게 단위
(지역마다 차이가 있음)

중세 유라시아의 직물 교역은 유럽의 회화 속에서도 드러난다.

**직물**
몽골제국(13~14세기),
미국 메트로폴리탄미술관 소장

**〈수태고지와 두 성인〉**
이탈리아(1333년),
이탈리아 우피치미술관 소장

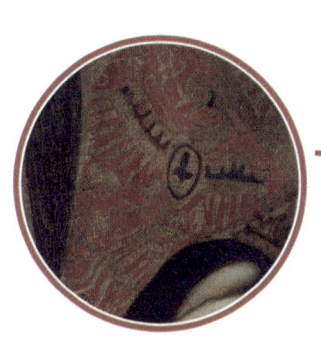

**배경 속
봉황 문양 직물**

**〈설교단의 성 마르티노〉**
이탈리아(14세기 말),
이탈리아 아카데미아미술관

한편 몽골의 나시즈는 13세기 후반부터 고려에도 전해졌고

머지않아 한반도에서도 금실을 사용한 직물이 생산되었다.

충혜왕은 한발 더 나아가 이를 한반도 밖으로 수출하기도 했다.

한번은 중국에 직물 2만 필을 판매했는데

그 고객 중에는 무슬림 상인도 있었어요!

이렇게 몽골제국이라는 베틀은 사람과 상품을 교차시키면서

유라시아 교류사의 새로운 무늬를 짜낸 것이다.

[좌충우돌 갈림]

## 유럽에 전해진 아시아의 직물

앞에서 소개한 것처럼, 몽골제국 아래의 유라시아 교역망은 직물과 관련 기술자의 이동을 촉진했습니다. 특히 금실을 짜서 만든 나시즈는 중동 지역은 물론이고 머나먼 유럽까지 수출되었죠.

머지않아 유럽 지배층은 아시아 비단의 화려함에 매료되었습니다. 그들은 수입해온 직물을 고급 의류뿐만 아니라 장례용 수의, 대관식 망토 등에도 사용했죠.

만화 속에 잠깐 등장한 그단스크 성모 성당(St. Marienkirche)의 비단은 그 좋은 예시입니다. 사진 속 직물은 1323년, 훌레구 울루스의 군주 아부사이드(재위 1316~1335)가 이집트의 맘루크 왕조에 선물한 700점의 비단 가운데 하나로 추정됩니다. 그 속에는 동아시아의 용 문양, 좌우 대칭이 반복되는 페르시아의 전통 문양, 아랍어 문구가 뒤섞여 있죠.

이후 비단은 모종의 경로를

거쳐 폴란드 그단스크의 성모 성당까지 전해졌고, 기독교 성직자의 겉옷에 사용되었습니다.
이처럼 아시아의 직물은 문화의 경계를 뛰어넘는 중세 유라시아의 사치품이었던 것이죠.

1256년 봄

뭉케 카안 아래에서
북중국을 통치한
동생 쿠빌라이

그는 본거지로 삼을 땅을 찾고 있었다.

그날 밤

쏴아아

금련천 일대에 낙뢰를 동반한
강한 비바람이 몰아쳤다.

그리고

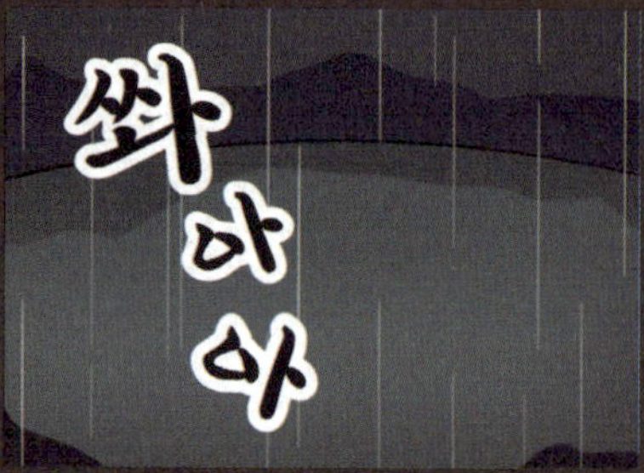

용이 승천했다.

13화
상도와 대도,
두 도시 이야기

*쿠빌라이의 즉위 과정은 4화 참조

그는 여기서 멈추지 않고 북중국의 평원에 도시를 건설했으니

몽골의 새로운 시대를 상징하는
두 도시가 탄생하는 순간이었다.

우선 쿠빌라이 카안의 뿌리라고 할 수 있는 상도부터 살펴보자!

매년 여름, 몽골 황실은 이곳에 머물면서 더위를 식혔다.

도시 중심에 우뚝 선 대안각은 그런 '번영의 극치'를 상징하는 것 같았다.

하지만 상도의 겨울은 너무나 혹독했고

쿠빌라이는 이 가혹한 추위를 피해
조금 더 남쪽의 대도에서 겨울을 지냈다.

대도는 몽골제국의 중국 지배를 위한 핵심 거점이었다.

앞서 소개한 상도의 영광도
대도의 도움이 없었다면 불가능했다.

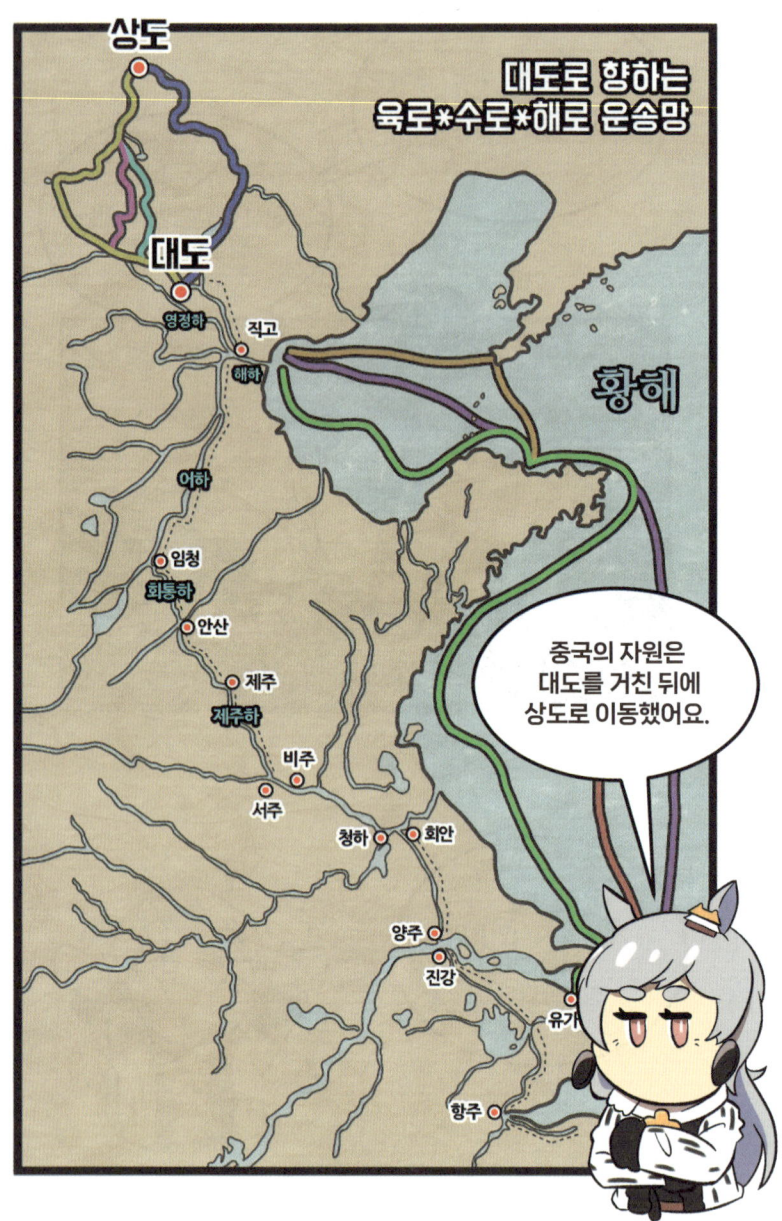

이렇게 두 도시 모두 몽골제국에 없어서는 안 되는 수도였다.

*양도: 두 수도, 상도와 대도를 의미함.

아무튼 쿠빌라이와 그 후예들은
계절 변화에 따라 두 도시를 오갔다.

이러한 계절 이동을 '양도 순행'이라고 불러요!

몽골 황실은 어째서 한곳에 머물지 않고 옮겨 다녔을까?
첫 번째, 유목민의 전통적인 계절 이동!

두 번째, 대도 주변의 농업 생산을 보호하기 위해!

이런 이유로 두 도시가 연결되면서
광역의 '수도권(경기)'이 형성된 것이다.

그렇다면 몽골제국이 무너진 뒤, 두 도시는 어떻게 됐을까?

먼저 상도는 홍건적의 공격을 받아 폐허가 됐다.

하지만 마르코 폴로의 여행기를 통해 도시의 번영은 유럽까지 알려졌고

쿠빌라이 카안은 이 도시 안에 대리석으로 지은 거대한 궁전을 세웠다.

모든 방은 하나같이 금칠이 되었고, 놀라울 정도로 아름답고 정교하다!

지금까지 '풍요로운 이상향'의 상징으로 회자되고 있다.

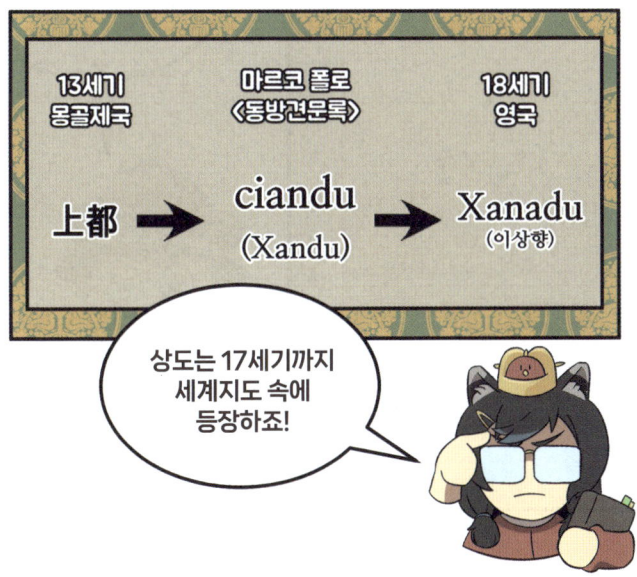

상도는 17세기까지 세계지도 속에 등장하죠!

이렇게 몽골제국의 두 수도는 과거의 영광을 간직한 채

지금 이 순간에도 세계 속에 우뚝 서 있다.

[좌충우돌 갈럼]

## 카안이 자리를 비운 사이

앞에서 소개한 것처럼, 몽골 황실은 계절 변화에 따라 상도와 대도를 주기적으로 오갔습니다. 그렇다면 카안이 자리를 비운 도시는 어떤 모습이었을까요?
황실이 수도를 떠나 있는 동안, 유수사(留守司)와 선휘원(宣徽院)이라는 조직이 정치와 경제를 책임졌습니다. 유수사는 수도의 치안과 건축물을 관리하기 위해 설치된 조직이었지만, 시간이 지나면서 임무가 늘어났습니다. 나중에는 궁궐의 경비, 정부에 필요한 물자 조달, 황실 사원의 건설, 생활용품 제조 등에도 관여했죠.
황실의 음식과 가축을 관리하는 선휘원도 제국의 운송망을 움직이면서 카안의 귀환을 대비했습니다. 그들의 관리 아래 제국 전역의 물자가 수도를 향해 끊임없이 움직인 것이죠.
물론 카안과 수많은 지배층이 한꺼번에 도시를 떠나면서 지역 경제의 일시적인 위축은 피할 수 없었습니다. 상황이 이러하니 몽골제국을 방문하는 외국 상인들도 황실의 양도순행에 주목했죠. 7화에서 소개한 《박통사》 속 상인들 역시 카안이 상도에서 돌아오는 8월 초에 대도를 방문했답니다.

도자기는 예술품 가운데서도 독보적이며

유라시아의 교류사 속에서도 빠질 수 없는 상품이다.

> 그중에서 몽골제국을 상징하는 도자기는
> 하늘과 바다를 담은 듯한

청화백자다.

## 14화
# 청화백자,
# 유라시아를 물들이다

중국의 도자기는 고대부터 명성을 떨쳤으니

산 넘고 물 건너 유라시아 곳곳에 팔려 갔다.

게다가 여러 문화와 융합하면서 새로운 예술을 꽃피우기도 했다.

한편 중국의 여러 지역 중에서도 경덕진은 뛰어난 백자로 유명했다.

*경덕진: 오늘날 중국 장시성 북동부의 도시

그 비결은 원료가 되는 흙에 있었으며

다른 지역과 상호작용하면서
여러 기술을 축적했는데

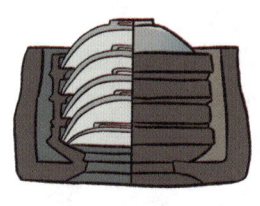

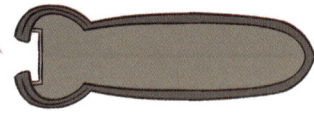

그중에는 유약 밑에 붓으로 문양을 그려 넣는
'유하채 기법'도 있었다.

몽골제국 시대의 '청화백자'는 이러한 기술의 집합체였던 것이다.

그렇다면, 왜 흰 도자기를 굳이 푸른색으로 장식했을까?

경덕진에서 발견된 유물이 힌트를 제공한다.

중세 서아시아에서는 푸른색의 상품이 인기를 끌었다.

이때 푸른색을 표현하는 방법은 크게 세 가지.

그중에서 청화백자의 푸른 안료는
산화코발트로 만들어졌다.

아무튼 몽골제국 아래에서 중국과 중동이 긴밀하게 연결되자 경덕진에서도 새로운 고객의 취향에 맞는 상품을 만들게 되었고

높이 40cm가 넘는
대형 제품

그릇을 가득 채운
문양

서아시아의 미의식과 경덕진의 기술이 융합한 것이죠!

몽골제국의 교역망 위에서 유라시아 각지로 수출,

이란형
서아시아에 주로 수출된
대형 제품

필리핀형
동남아시아에 주로 수출된
소형 제품

머지않아 경덕진의 도자기를 흉내 낸 그릇들이 우후죽순 등장했다.

한반도 역시 왕실의 관리 아래 청화백자의 생산이 시작되더니

처음에는 명나라에서 수입했지만, 곧 국산화에 성공했죠.

그릇 이외에도 다양한 제품이 만들어졌다.

민간인의 청화백자 사용을 법으로 제한했죠.

조선 후기가 되자 궁궐 너머로 소비층은 더 확대되었다.

푸른색 안료의 수입량이 늘어난 영향도 있죠!

이처럼 몽골의 패권이 빚어낸 청화백자는

변화를 거듭하면서 유라시아 전역을 푸른빛으로 물들였다.

[좌충우돌 칼럼]

## 몽골제국에 수출된 고려청자

대한민국 국립해양문화재연구소에 전시 중인 '신안선'은 몽골제국의 무역선입니다. 1323년 중국을 떠나 일본으로 향하던 중 전라도 신안 앞바다에 침몰한 것이죠. 그런데 한반도에서 만들어진 고려청자 일곱 점이 여기서 발견됐습니다. 비교적 적은 수량이지만, 14세기의 도자기 교류를 보여주는 중요한 자료입니다.

그 가운데 주목을 끄는 유물이 청자베개입니다. 고려청자 베개는 12세기 후반부터 일본에 수출되기 시작하더니 13세기 후반에는 전국적으로 확산됐습니다. 대부분의 유물은 불교 사원과 무사의 저택에서 출토됐는데, 한반도의 도자기가 중세 지배층의 사치품이었음을 확인할 수 있지요.

학무늬 베개
고려(13세기) / 출처: 국립중앙박물관

특히 신안선에서 발견된 청자베개는 고려, 몽골제국, 일본을 연결하는 해상 교역을 보여줍니다. 신안선의 고려청자는 고려와 몽골제국이 긴밀한 관계를 맺었던 13세기 후반~14세기 전반에 수출된 것으로 추정됩니다. 이후 경원(오늘날 중국의 닝보시)의 무역선에 실렸고, 풍랑을 만나면서 한반도로 돌아온 것이죠.

흐릿한 것을
또렷하게
보여주고

패션 아이템으로도
사용할 수 있는

안경

안경의 발명과 확산은 한순간에 이루어지지 않았다.

그 과정은 유라시아의 역사 속에서 어떤 의미를 가질까?

# 15화
# 안경에 깃든 유라시아

사실 몽골 시대의 안경 사용을 보여주는 증거는 거의 남아 있지 않다.

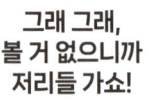

그래 그래, 볼 거 없으니까 저리들 가쇼!

하지만 그들이 유리 제품을 사용하지 않은 것은 아니다.

수도 카라코룸의 유적에서는 유리 공예의 흔적이 발견되었죠.

그렇다면, 안경은 몽골제국사와 어떤 관계가 있을까?

시간은 고대 로마제국으로 거슬러 올라간다.

이 '로만 글라스'는 그 아름다움으로
국제적인 인기를 누렸지만

*한나라 / 신라 / 왜(일본)

머지않아 사산 왕조라는
강력한 경쟁자가 서아시아에서 등장,

수많은 오목면으로 빛을 산란하는 '사산 유리'를 만들어냈다.

로만글라스처럼 동아시아에도 수출되었죠.

이후 이슬람 문명이 두 제국을 계승해 관련 기술을 더욱 발전시켰다.

*붕사: 유리의 내구성을 높여주는 재료

한편 중세 유럽은 지중해 이곳저곳에서 무슬림 사회와 접촉했고

이슬람의 지식과 기술을 손에 넣었다.

이것이 유럽의 발달된 수공업에 더해지면서 유리 산업이 성장,

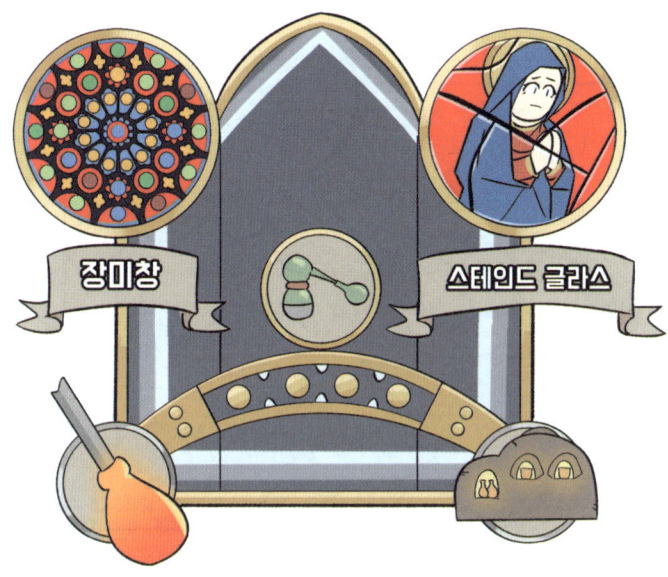

14세기, 유럽인이 안경을 사용했다는 기록이 처음 등장했다.

그렇다면, 지중해의 안경은 동아시아까지 어떻게 전해졌을까?

몽골제국을 몰아내고 중국을 지배한 명나라.

그렇다면, 명나라는 어쩌다가 이 지역들과 연결됐을까?

건국 초기, 명나라를 괴롭히는 과제들이 있었다.

그래서 수많은 왕국을 신하로 삼아 그 명성을 드높이려고 했다.

이렇게 황제의 사자를 태운 함대가 인도양을 누볐는데

*정화: 당시 사절단을 이끌었던 명나라의 환관

그 연결망은 몽골제국의 붕괴와 함께 빠르게 해체되었다.

하지만 그 속에서 누적된 지식은 끝끝내 살아남았다.

또한 안경의 이동은, 유라시아 연결망의 회복을 보여준다고도 말할 수 있다.

더 이상 하나의 제국은 아니지만요.

물론 안경이 몽골 시대에 소개되었을 가능성을 완전히 무시할 순 없다.

기록이 부족할 뿐 혹시 모르죠~

기껏 설명해놓고 김빠지잖아.

[좌충우돌 갈럼]

# 13세기 세계시스템

미국의 도시사회학자 아부루고드는
13세기(1250~1350년)에 아프리카와 유라시아를
가로지르는 '세계시스템(세계체제)'이 성립했다고
주장했습니다. 여기서 말하는 '세계시스템'이란 '일정
지역에서 여러 국가들이 무역으로 긴밀하게 연결된
광범위한 경제 시스템'을 의미하죠.

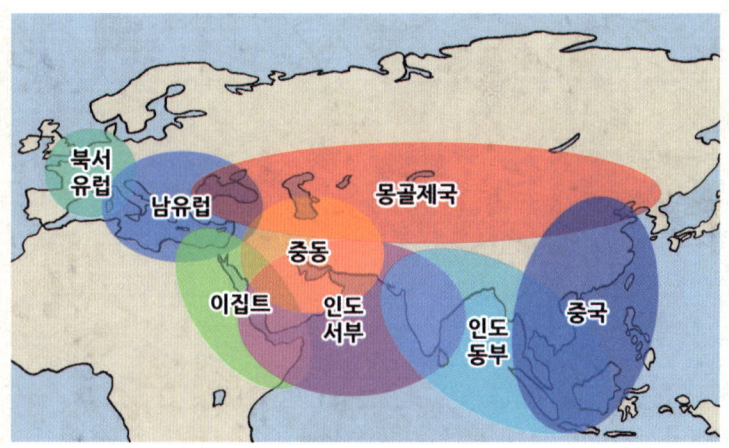

지도에서 보는 것처럼, 아부루고드가 주장한
'13세기 세계시스템'은 언어·종교·제국으로 규정되지 않는
8개의 하부 시스템으로 이루어져 있습니다.
아부루고드는 중세 아프로유라시아를 쇠사슬처럼 연결시켜
13세기의 세계사적 의의를 드러내고자 했죠.

하지만 그 연구에는 역사학계의 최신 연구 성과가 반영되어 있지 않았습니다. 따라서 '13세기 세계시스템'에서 몽골제국의 존재감은 미미합니다.
그렇다면, 이 거대한 도식 속에서 몽골제국의 등장은 어떤 의미를 가질까요? 나아가 그 속에서 재편성된 유라시아 교역망은 과거의 것과 무엇이 달랐을까요?

인류와 함께 역사를 만든 동물,
말.

몽골제국 역시 '말이 세운 국가'라고 불러도
과장이 아닐 텐데

하지만 그런 말이 골칫거리로 여겨지는 순간도 있었다.

# 16화
# 제국의 말과
# 재앙의 메뚜기

말의 생산과 관리는 몽골제국에서도 중요한 문제였고

전쟁으로 말의 공급이 불안정해졌어.

기병이 흔들리면 제국의 앞날도 보장할 수 없다.

그 모든 과정을 체계적인 제도 아래 관리했다.

제국의 말을 관리하는 태복시

엄격한 목초지 관리

이곳저곳에 설치된 황실 목장

말 도축 금지

민간에도 말을 기르는 방법을 보급했는데

*《농상집요》: 가축과 작물을 기르는 방법을 소개한 몽골제국의 농업서

이 시대의 사육법을 조금 살펴보면

아무튼 이러한 방식으로 다양한 지역의 목축 기술이 교환되고 발전했다.

한편 쿠빌라이와 동생 훌레구의 협력은 말의 이동을 촉진했는데

한 해 동안 이란에서 인도로 이동하는 말이
10,000마리에 이르기도 했다.

이 말들은 인도의 각 지방으로 팔려 갔고,
다시 배에 실려 중국으로 이동했으니

그 속에서 해적과 결탁해 말을 약탈하는 왕국도 나타났다.

이렇듯 몽골제국의 등장은 유라시아의 가축 이동을 촉진했다.

그렇다면, 말은 몽골제국에서 항상 환영받는 동물이었을까?

기술을 접해도 목축이 생소한 곳에서 말을 기르는 것은 어려웠고

정부가 값을 치르고 말을 징발했지만,
약탈과 마찬가지라는 비판을 받았다.

이 때문에 카안 울루스에서 말을 기르는 민간인은 좀처럼 늘지 않았다.

이때 농부와 목축인의 불편한 관계도 빼놓을 수 없다.

이따금 풀어놓은 말이 논밭에 들어와 그해 농사를 망쳐버린 것이다.

그러나 몽골제국에 장기적인 피해를 준 문제는 따로 있었다.

중국의 농부들은 가을 수확을 끝내고 땅을 갈아서 해충을 제거했다.

하지만 이때 식물들까지 사라지니, 겨울 논밭에는 말이 먹을 풀이 없다.

결국, 쿠빌라이는 수도 주변의 가을갈이를 전면 금지!

이후 제도를 완화했지만, 완전히 사라진 것은 아니었다.

그 결과, 메뚜기라는 재앙이
몽골제국에 들이닥쳤다.

헐거워진 해충 관리 아래 번식한 메뚜기는
수도 주변의 경작지를 황무지로 만들었으며

안 그래도 메뚜기 피해가 집중되는 지역이니
농민의 고통은 말할 것도 없었다.

이처럼 사람과 말의 팀워크가 제국을 일으켰지만

동시에 그 유대가 사회를 무너뜨리는
장기적 피해를 낳은 것이다.

[좌충우돌 칼럼]

# 몽골제국과 메뚜기

무리를 지어 농작물을 갉아먹는 메뚜기는 몽골제국에서도
최악의 재난으로 여겨졌습니다. 농업이 경제의 한 축을
담당했던 만큼 정부도 눈 뜨고 지켜볼 수 없었죠.
당대의 기록에는 이런 섬뜩한 내용도 있습니다.

태원로와 임동에서 4년간 메뚜기와 가뭄의 피해로
작물이 수확되지 못해 사람들끼리 서로 잡아먹고 있다.

메뚜기 창궐로 인한 피해는 농작물 생산에만 영향을 준 것이
아니었습니다. 녀석들이 말에게 먹일 꼴을 먹어 치우면서
관련 비용이 급등했습니다. 여기에 이상기후와 전염병이
피해를 더하면서 상황은 더 심각해졌습니다.
그 결과 잠치의 운영자들은 가산을 처리하고 처자식을
파는 등 극한의 상황에 내몰렸죠. 이러한 상황이 길어지자,
제국을 지탱하는 교통망은 회복 불가능한 상태에
놓였습니다.
몽골 정부는 피해를 입은 백성에게 지원금을 전달하는
한편 해충 구제에 나섰습니다. 일단 메뚜기가 나타나면
관원들이 앞장서서 풀을 소각했죠. 하지만 목축인이

활동하는 일부 지역에서는 풀밭을 태우기 위해 정부의
허가가 필요했습니다. 앞에서 소개한 가을갈이 제한처럼
말의 먹이를 확보하기 위해서였죠.
태울 풀이 없다면 백성들은 메뚜기를 일일이 잡아서
죽여야 했습니다. 이렇게 해충을 잡은 백성에게는 곡식이
지급되었습니다.

*부평초: 개구리밥.

17화
# 설씨 가문의 기묘한 모험

설씨 가문의 시조, 톤육쿡은 중앙아시아 초원의 유력자였다.

*돌궐 2제국: 쿠틀룩이 건설한 두 번째 돌궐제국(682~744년)

돌궐제국은 얼마 뒤 멸망했지만,
톤육쿡 가문의 권세는 이어졌다.

*위구르제국: 돌궐제국의 뒤를 이은 유목제국(744~840년)

하지만 840년경 그런 위구르제국도 붕괴,

백성들은 주변 지역으로 뿔뿔이 흩어졌으니

톤육쿡 가문은 그 가운데
'고창 위구르 왕국'의 일원이 되었다.

13세기, 몽골제국과 마주한 고창 위구르 왕국은

제 발로 그들의 신하가 되었다.

한편 톤육쿡 가문은 칭기즈 가문의 가정교사로 고용되었고

몽골제국의 정치와 군사 분야에서 대대로 활약했다.

이후 가문의 이름을 고치고, 남중국으로 거점을 옮겼는데

그들은 강남 지방의 주민들과 교류하면서
유학을 본격적으로 공부했고

후손들이 과거 시험에 연이어 합격하자,
천하에 명성을 떨쳤다.

그 가운데 설손은 궁궐에서 황태자의 스승이 되었는데

당시 황실 근위대였던 공민왕과도 친분을 쌓았다.

그러나 궁중 암투에 휘말리면서 지방의 한직으로 좌천,

제국이 혼란에 빠지자 낙동강 오리알 신세가 되었으니

결국 공민왕과의 옛 인연에 기대를 걸고
낯선 한반도 땅으로 향했다.

다행히 고려 정부는 설손의 가족이 정착할 수 있도록
도와주었으며

그의 아들도 고려에서 관직 생활을 시작했다.

이때 설장수가 활약한 무대는 몽골을 몰아낸 명나라와의 외교였다.

*한어: 거란어와 여진어의 영향을 받은 북중국 사투리

설장수는 이러한 특기를 살려서
중요한 임무를 여러 차례 완수했다.

심지어 조선의 건국 과정에 깊이 관여했고

외국어 교재를 만드는 등 후진 양성에도 힘썼으며

그의 가족도 다양한 분야에서
활약했다.

*《삼강행실도》: 사회의 모범이 되는 이야기를 모아놓은 책
*《통감훈의》: 송나라의 역사책《자치통감》에 설명을 더한 해설서

이후 고창 설씨 가문은 본관을 '경주'로 옮겼으니

오늘날의 경주 설(偰)씨입니다!!

이처럼 설씨 가문은 시대와 지역을 넘어 그 능력을 십분 발휘했고

아시아를 연결하는 가교로서 역사에 이름을 남겼다.

[좌충우돌 갈팡]

## 그대의 한어는 마치 몽골인과 같구나

앞에서 소개한 것처럼, 남중국 사투리를 알지 못하는 고려인은 명나라 황제와의 대화에 어려움이 있었습니다. 《조선왕조실록》에도 이와 관련된 에피소드가 있죠. 1388년, 고려의 유학자 이색이 명나라에 사신으로 파견됐습니다. 그에게 관심을 가진 홍무제가 조용히 말했어요.

"그대는 몽골제국에서 벼슬을 했으니 분명히 한어(漢語)를 알 것이다."

그러자 이색이 유창한 북중국 사투리로 말했습니다.

"왕이 친히 조회하기를 청합니다."

"그대는 지금 무슨 말을 하였는가?"

결국 통역사가 이색의 말을 번역해 전하자 홍무제가
웃으며 말했습니다.

"그대의 한어는 마치 (몽골의) 나하추와 같구나."

이처럼 언어의 차이로 인한 소통의 문제는 외교적으로
중요한 문제였습니다.
따라서 남중국 사투리를 유창하게 구사하고 강남 지방의
지식인과 인연을 맺은 설씨 가문은 고려와 조선의 입장에서
꼭 필요한 인재였던 것이죠.

뭐든지 지나치면 독이 되는 법.

몽골제국 아래의 활발한 이동은
한편으로 전염병의 확산을 부추겼고

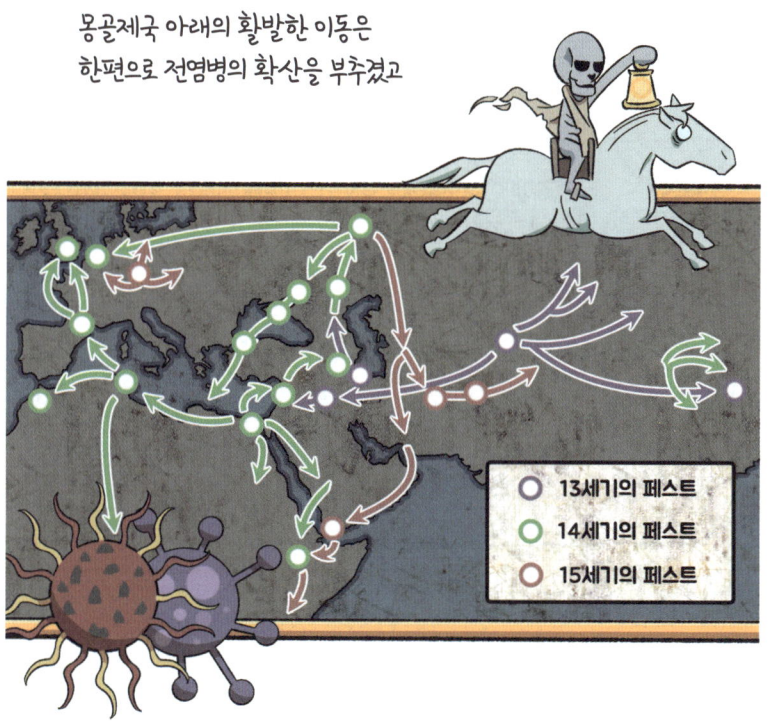

13세기의 페스트
14세기의 페스트
15세기의 페스트

지배층의 방탕한 식생활은 이따금 치명적인 질병으로 이어졌다.
가장 강력한 카안조차 단명을 피할 수 없었으니…

그들에게는 의사가 필요했다.

18화
# 질병에 맞서 싸우는 제국

몽골인은 제국을 건설하기 전부터 나름의 의약 지식을 가졌으며

그 영토가 넓어질수록 각양각색의 의술을 받아들였다.

*이븐 시나: 중세 이슬람 문명의 지식인. 그의 저서는 유럽 의학에도 영향을 줌.

특히 남쪽 바다에서 가져온 향신료가 제국의 이목을 끌었는데

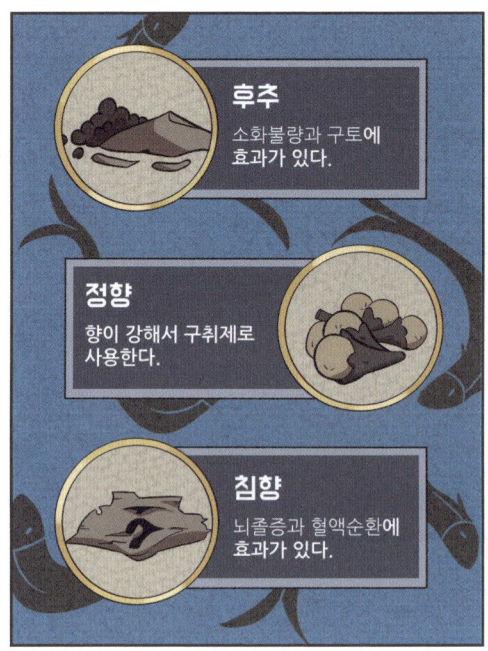

정부의 관리 아래 다양한 목적으로 사용됐다.

흥미로운 점은 의술의 혜택이
지배층에 한정되지 않았다는 것이다.

몽골 정부는 민간의 의료시설뿐만 아니라

*혜민국: 약을 제조하고 판매하는 관청. 우구데이 카안 시대에 처음 설치.

인력 양성에도 관심을 가졌다.

지역의 의술 학교는 국가로부터 다양한 혜택을 받았으며

의원의 자질을 검증하는 제도는 물론이고

매년 학생들에게 시험을 출제하는데

그 성적은 태의를 선발할 때 참고자료가 되죠.

학교 선생들도 매년 시험을 치르고

탈락하면 교수직에서 쫓겨납니다.

*태의: 카안의 궁정에서 일하는 의사.

이밖에도 불법 의료행위를 단속했으니, 의료 시스템에 나름 노력을 기울인 것이다.

이 정도면 '의료 강국'이라고 부를 만하지?

또 단속이 느슨해지면서 사이비 의료행위도 만연했으나

정부는 이 문제들을 끝내 해결하지 못했다.

하지만 이야기는 여기서 끝나지 않는다.

몽골제국 아래에서 축적된 지식은
14세기 혼란 속에서 살아남았고

조선과 명나라에 온전히 계승된다.

동아시아에서는 고대부터 손목의 맥박을 짚어 병을 진찰했다.

몽골제국은 진맥에 대한 지식을 한 책으로 종합했고

이후 조선에서도 그 가치를 인정받아 의과 시험의 교재로 사용되었다.

이렇듯 각양각색의 의학 이론이
몽골제국 아래에서 교차했고

그 속에서 만들어진 폭넓은 시야는
새로운 시대로 이어졌다.

[좌충우돌 갈럼]

## 《회회약방》과 《보서》

앞에서 소개한 것처럼, 몽골제국 아래에서는 유라시아의 의학 지식을 정리한 서적들이 편찬됐습니다. 대표적인 예가 《회회약방》과 《보서》입니다. 먼저 《회회약방》은 이븐 시나의 《의학전범》으로 대표되는 중세 이슬람 문명의 의술을 정리한 책입니다. 저자와 편찬 연대는 확실하지 않지만, 명나라 초기에 아랍어로 쓰인 내용을 한문으로 번역했습니다. 《회회약방》은 고대 그리스에서 이슬람 문명으로 이어지는 지중해의 지식 교류가 어떠한 형태로 동아시아까지 전해졌는지 보여주는 중요한 자료입니다. 《보서》는 훌레구 울루스의 재상이자 의사였던 라시드 앗 딘이 중국에서 유통되던 의약서와 법령서를 페르시아어로 번역한 책입니다. 라시드 앗 딘은 여기서 의학 이론과 한자의 구조와 특징, 서적과 지폐에서 사용되는 인쇄술, 동아시아의 음악 등을 소개했습니다. 더 흥미로운 점은 그가 한자의 발음을 정확하게 표기하기 위해 시리아 문자에 발음기호를 더한 새로운 문자를 만들었다는 것이죠. 한편 《보서》에는 중국 각지의 방언이 기록되어 있는데, 이는 몽골 치하의 이란에서 활동한 동아시아 사람들의 존재를 말해줍니다.

동아시아의 도사들은 오래전부터 다양한 물질로 약을 만들었는데

순식간에 불꽃을 일으키는 신비한 가루가 있었으니
훗날 화약의 재료로 사용된 유황과 초석이다.

**유황**
낮은 온도에서 불꽃을 피운다.

**초석**
산화 작용으로 불꽃을 키운다.

## 19화
# 중세를 불태우는 화약 열풍

9세기부터 중국에서 제작된 화약은 머지않아 무기로 사용되었고

예술 작품에서도 그 모습을 확인할 수 있어요.

금나라와 송나라의 화기(火器)는 몽골제국의 진격을 가로막았다.

칭기즈 칸과 그 후예들은 화약 제조법을 빠르게 흡수,

유황

초석

흉하고 끔찍한 것들

얼마 가지 않아 직접 생산하고 운용하는 단계에 이르렀다.

특히 쿠빌라이는 제국 안팎에서
화약을 적극적으로 사용했는데

몽골이 유라시아 전역에 화약 기술을 전파했다는 이야기도 있다.

13세기부터 화약에 대한 기록이 여기저기서 나타나거든요.

어쩌면 장거리 원정에서 화약의 효율이 떨어진다고 판단했을지도 모른다.

그러나 화약을 사용했을 가능성이 전혀 없는 것은 아니다.

우구데이 가문을 몰아내고 카안의 자리에 오른 뭉케는

얼마 뒤 동생 훌레구에게 서아시아 원정을 맡겼다.

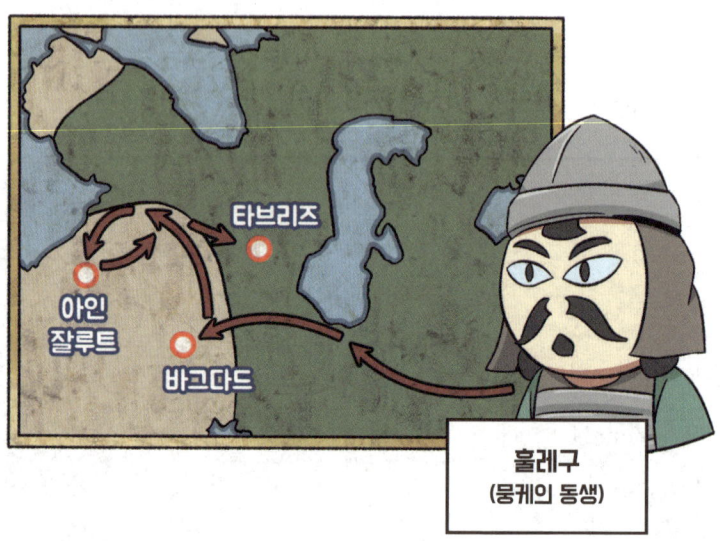

훌레구
(뭉케의 동생)

이때 북중국의 기술자 천여 명이
몽골군과 함께 움직였고

다양한 공성 병기를 만들어 견고한 요새들을 함락시켰다고 한다.

알라무트 요새

*알라무트 요새: 암살자로 악명 높은 이스마일파 무슬림의 거점 요새

그들이 만들어낸 병기 가운데 화약이 존재했을 가능성이 있고

폭약에 생소한 중동 사람들이 제대로 기록하지 못했을 수 있다.

어쩌면 몽골군이 아니라 상인의 이동이 화약을 전파했을지도 모른다.

이렇듯 중세 유라시아에서
화약이 확산하는 과정은 불명확하다.

그럼에도 몽골제국의 영향이 뚜렷하게 나타나는 지역이 있으니

고려는 여러 전투에서 화약의 위력을 직접 체험했고

이후 중국의 화약 무기를 얻어 사용했는데

가장 중요한 화약의 제조법을 모르니 수입에 의존할 수밖에 없었다.

이때 그 유명한 최무선이 몽골제국의 기술자로부터 제조법을 획득,

여기서부터 화력덕후의 역사가 본격적으로 시작되는 것이다.

이렇게 몽골제국이 활약한 13~14세기는

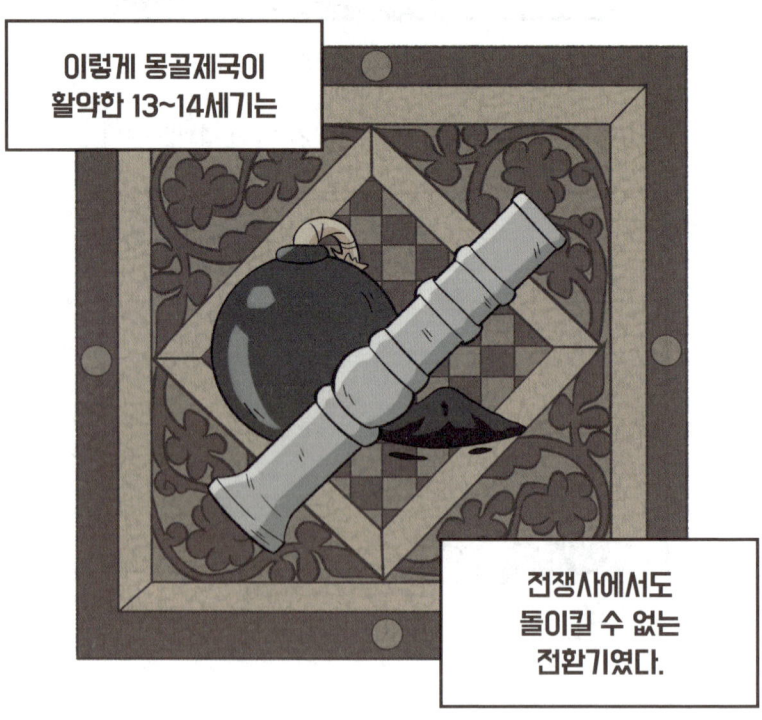

전쟁사에서도 돌이킬 수 없는 전환기였다.

[좌충우돌 칼럼]

## 훌레구 울루스의 공성전

앞에서 소개한 것처럼, 몽골의 서아시아 원정에 참여한 북중국의 기술자들이 화약을 사용했을 거라는 추측이 있습니다. 견고한 요새들을 무너뜨릴 수 있었던 것도 폭약 덕분이라는 것이죠. 그렇다면 중동에 진출한 몽골은 이후에도 공성전에서 뛰어난 전과를 거두었을까요? 중동 원정군을 지휘한 훌레구와 그 후손들은 지역의 패권을 둘러싸고 이집트의 맘루크 정권과 오랜 전쟁을 벌였습니다. 유프라테스강 주변의 요새들은 몽골군의 진격을 가로막는 장애물이었죠. 그래서 이곳을 함락시키기 위한 공성전이 여러 차례 반복되었습니다. 하지만 몽골군은 이곳에서 여러 번 고배를 마셨습니다. 결국 몽골군은 공성전을 피하고 개활지에서 맘루크군을 상대하는 방향으로 전략을 바꿉니다. 물론 공성전의 연이은 실패가 중동에서 화약을 사용하지 않았다는 결정적인 증거가 될 수는 없습니다. 그렇지만 맘루크 정권에서도 화약 사용에 대한 기록이 없다는 점에서 의심은 커집니다. 특이한 무기 혹은 굉장한 폭발음을 일으키며 수많은 사상자를 내는 병기에 대한 그 어떤 묘사도 찾아볼 수 없죠. 혹자의 추측처럼, 훌레구가 중동에 화약을 가져갔다면 관련 기록의 부재와 연이은 공성전의 실패를 어떻게 보아야 할까요?

용사들의 발굽이
대지를 뒤집고

두 두 두 두
두 두 두
두

으아아악!!!

20화
# 14세기의 위기

13세기, 유라시아와 아프리카가 국제 무역으로 연결되었다.

국가들 사이의 광역 경제권을 '세계시스템'이라고 불러요!

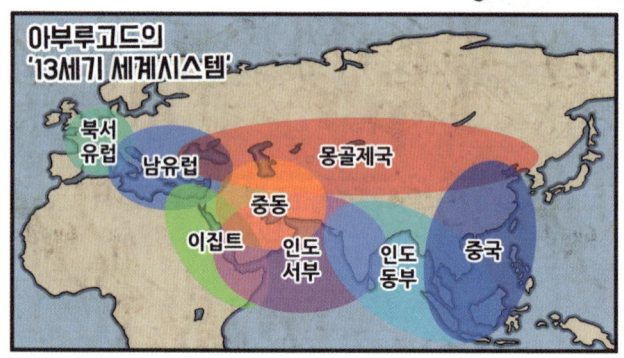

'13세기의 세계시스템'은 8개의 경제권으로 이루어졌죠.

*아부루고드: 미국의 도시사회학자.

몽골제국의 등장은 이러한 시스템에 큰 변화를 가져왔다.

그러나 '13세기의 세계시스템'은
100년 뒤 빠르게
해체되었으니

원인은 크게 세 가지.

우선 기후는 한 사회의 경제에 상당한 영향을 미치는데

가축의 종류, 식물의 성장,

농업용수 등을 좌우하죠.

실제로 유목경제에 적합한 환경은 몽골의 성장을 도왔다.

하지만 13세기 후반부터 태양의 활동이 감소하더니

불안정한 기후 환경 아래
수많은 자연재해가 뒤따랐다.

엎친 데 덮친 격으로,
치명적인 전염병이 유라시아를 휩쓸었다.

페스트는 원래 중앙아시아와 티베트 지역의 풍토병이었으나

12세기 중엽부터 강한 전염성을 가지더니

페스트균의 종류가 다양해지는 '빅뱅'이 일어났죠!

몽골제국 아래 운송망을 타고 세계 곳곳으로 퍼져 나갔다.

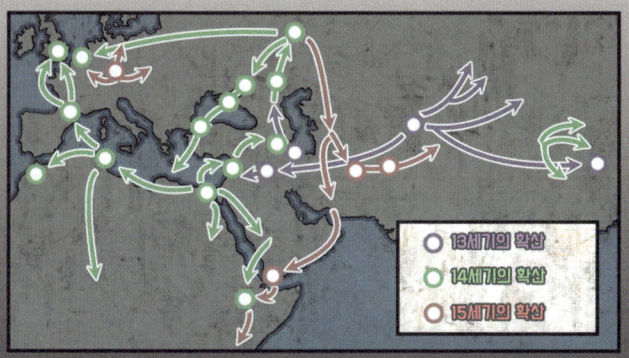

이렇게 14세기의 재앙적인 악순환이 시작되었고

인구 감소와
가축의 대량 폐사

도시의 쇠퇴와
무역로 단절

기술의 후퇴와
지배층의 권위 추락

유라시아를 장악했던 몽골제국도
그 속에서 허무하게 무너졌다.

그렇다면 '14세기의 위기'는 단순히 '정체와 후퇴'만을 남겼을까?

몇몇 역사가는 이 질문에 색다른 의견을 내놓았다.

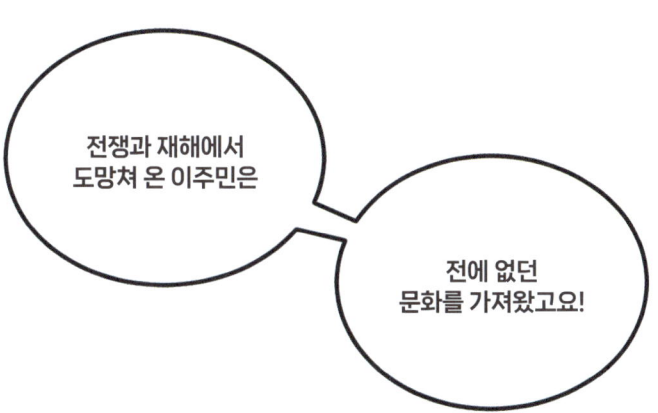

이처럼 '14세기의 위기'는 몽골제국뿐만 아니라 유라시아 전역에 돌이킬 수 없는 변화를 가져왔다.

[좌충우돌 갈림]

# 고기후 데이터와 '14세기의 위기'

고기후 데이터란, '과거의 기후(강수량, 기온 등)를 알기 위해
사용되는 정보'를 말합니다. 주로 나무의 나이테나 빙하에서
시추한 코어, 호수 밑바닥의 퇴적물, 동굴의 종유석처럼
시간의 경과를 관측할 수 있는 샘플에서 얻을 수 있지요.
이렇게 복원된 과거의 기후는 유라시아의 역사를 바라보는
새로운 시각을 제공합니다.

앞에서 소개한 '14세기의 위기'는 '13세기 말엽부터
15세기 중엽까지, 유라시아 전역을 강타한 기후변화,
질병 유행, 사회 혼란이 각 지역과 상호작용하면서
만들어낸 변화상'을 말합니다.
역사가들은 그 시점이 몽골제국의 흥망성쇠(13~14세기)와
시기적으로 일치한다는 점에 주목했죠. 즉 몽골제국사
연구는 '14세기의 위기'를 유라시아 전체로 확대해서
바라볼 수 있는 열쇠를 쥐고 있는 것입니다.

그러나 '14세기의 위기'에 대한 연구는 여러 한계를 갖고
있습니다. 첫 번째, 앞으로 과학기술이 발전하면서 관련
연구가 대폭 수정될 수 있습니다. 두 번째, 당대의 기록이
부족해 '위기'의 성질을 짚어내는 것이 무척 어렵습니다.
세 번째, 기후 변화, 질병 유행, 사회 혼란 사이의 인과관계가

언제나 명확한 것은 아닙니다.
마지막으로 다른 시대, 다른 지역과 비교했을 때
14세기의 상황이 얼마나 '위기적'이었는지
명확히 설명해야 할 것입니다.

좌충우돌 몽골제국사

## [맺음말]

만화가 봉닭입니다. 우선 이 책을 읽어주신 독자 여러분에게 감사의 마음을 전합니다.

제가 초등학생이었을 때 <시드마이어의 문명5>라는 게임이 한창 유행했습니다. 여기서 플레이어는 역사 속의 지도자가 되어 다른 문명들과 경쟁하는데요. 특히 기동력과 원거리 사격으로 적들을 깨부수는 몽골은 많은 이의 시선을 사로잡았습니다. 저 역시 화려한 도시를 짓밟고 불태우면서 알 수 없는 쾌감에 전율했죠. 이것이 몽골제국과의 첫 만남이었습니다.

독자 여러분은 '몽골제국'이라는 말을 들으면 어떤 이미지를 제일 먼저 떠올리시나요? 아마도 '잔인한 정복자' '문명을 파괴하는 야만인'이라는 인상이 강할 것 같습니다. 그러나 새로운 자료가 발굴되고 관련 연구가 심화하면서 이들을 바라보는 색다른 시각이 힘을 얻고 있습니다. 몽골제국 아래에서 이루어진 엄청난 규모의 문화 교류가 바로 그것이죠. 연구자들은 이를 '몽골 평화시대(Pax Mongolica)' 혹은 '칭기스의 교환(Chinggis Exchange)'이라고 부릅니다.

유라시아를 정복한 몽골제국은 단순히 문명의 파괴자가 아니었습니다. 그들은 군사 원정에서 얻은 자원을 이용해 상인과 지식인, 종교인을 후원하고 이동시켰죠. 그리고 이 과정에서 문화와 기술의 교환이 이루어졌습니다. 즉, 몽골제국과 그들이 남긴 유산은 중앙아시아 유목민의 역사뿐만 아니라 13~14세기와 그 이후의 유라시아를 총체적으로 이해하는 데 빠질 수 없는 존재입니다.

물론 굉장히 방대하고 흥미로운 주제인 만큼, 우리나라에서도 수많은 연구서가 출간되었습니다. 그렇지만 한 사람이 다양한 연구를 종합해 대중에게 알기 쉽게 전달하는 것은 무척이나 어려운 작업입니다. 기본적인 지식은 물론이고, 뛰어난 외국어 능력까지 요구되니까요.

제 책 역시 몽골제국사의 대략적인 전개와 관련 연구의 단편을 소개할 뿐, 모든 내용이 담겨 있다고는 말할 수 없습니다. 다만 독자 여러분이 이 책을 통해 몽골제국과 그 시대에 흥미를 갖고, 독서를 넓혀가는 계기로 이어질 수 있다면 정말 기쁘겠습니다.

마지막으로, 제 만화가 출판되기까지 정말 많은 분이 도와주셨습니다. 특히 몽골제국과 그 시대의 매력을 가르쳐주신 설배환 선생님, 부족한 작품을 마지막까지 지지해주신 박종훈 PD님, 좌절할 때마다 아낌 없는 응원을 보내주신 쿠쿠 작가님과 행스바 작가님께 진심 어린 감사 인사를 올립니다.

## [참고문헌]

**[국내서]**

권용철, 《원대 중후기 정치사 연구》, 도서출판 온샘, 2019.
김문경, 《삼국지의 영광》, 사계절, 2002.
김인호 외, 《미래를 여는 한국의 역사》, 웅진지식하우스, 2011.
김인희 외, 《관용적인 정복자 대원제국》, 동북아역사재단, 2023.
김인희 편, 《움직이는 국가, 거란》, 동북아역사재단, 2020.
김인희 편, 《전사들의 황금제국, 금나라》, 동북아역사재단, 2021.
김일권 외 지음, 《중세 동아시아의 해양과 교류》, 경인문화사, 2019.
김호동, 《동방 기독교와 동서문명》, 까치, 2002.
김호동, 《몽골제국과 고려》, 서울대학교출판문화원, 2007.
김호동, 《몽골제국과 세계사의 탄생》, 돌베개, 2010.
김호동, 《아틀라스 중앙유라시아사》, 사계절, 2016.
남종국 외, 《몽골 평화시대 동서문명의 교류》, 이화여자대학교출판문화원, 2021.
남종국, 《이탈리아 상인의 위대한 도전》, 도서출판 앨피, 2015.
남종국, 《중세를 오해하는 현대인에게》, 서해문집, 2021.
노영구, 《한국의 전쟁과 과학기술문명》, 들녘, 2022.
동북아역사재단 편, 《동아시아사 입문》, 동북아역사재단, 2020.
민석홍 외, 《서양문화사》, 서울대학교출판문화원, 2008.
박용운 외, 《고려시대사의 길잡이》, 일지사, 2007.
박용진, 《중세 유럽은 암흑시대였는가?》, 민음인, 2010.
박현희, 《소주의 세계사》, 서울대학교출판문화원, 2023.
성백용 외, 《사료로 보는 몽골 평화시대 동서문화 교류사》, 이화여자대학교출판문화원, 2021.
소병국, 《동남아시아사》, 책과함께, 2020.
신성곤 외, 《한국인을 위한 중국사》, 서해문집, 2004.
여원관계사연구팀 편, 《역주 원고려기사》, 선인, 2008.
유원수, 《몽골 비사》, 사계절, 2004.
윤은숙, 《몽골제국의 만주 지배사》, 소나무, 2010.
이강한, 《고려의 자기, 원제국과 만나다》, 한국학중앙연구원출판부, 2016.
이명미, 《고려, 몽골에 가다》, 세창미디어, 2022.
이명미, 《고려·몽골 관계 깊이 보기》, 세창미디어, 2022.
이주엽, 《몽골제국의 후예들》, 책과함께, 2020.

일본사학회,《아틀라스 일본사》, 사계절, 2011.
정광,《역주 원본 노걸대》, 박문사, 2010.
정승혜 외,《박통사 원나라 대도를 거닐다》, 박문사, 2011.
조영헌,《대운하의 시대, 1415~1784》, 민음사, 2021.
한지선,《글래시스 로드》, 위즈덤하우스, 2021.

[ 번역서 ]
고마츠 히사오 외, 이평래 옮김,《중앙 유라시아의 역사》, 소나무, 2005.
디터 쿤, 육정임 옮김,《하버드 중국사 송》, 너머북스, 2015.
마르코 폴로, 김호동 옮김,《마르코 폴로의 동방견문록》, 사계절, 2000.
라시드 앗 딘, 김호동 옮김,《부족지》, 사계절, 2002.
라시드 앗 딘, 김호동 옮김,《칭기스칸기》, 사계절, 2003.
라시드 앗 딘, 김호동 옮김,《칸의 후예들》, 사계절, 2005.
라시드 앗 딘, 김호동 옮김,《일 칸들의 역사》, 사계절, 2018.
르네 그루쎄, 김호동 외 옮김,《유라시아 유목제국사》, 사계절, 1998.
모리스 로사비, 강창훈 옮김,《수성의 전략가 쿠빌라이 칸》, 사회평론, 2015.
모리스 로사비, 권용철 옮김,《랍반 사우마의 서방견문록》, 사회평론아카데미, 2021.
모리스 로사비, 권용철 옮김,《몽골제국》, 교유당, 2020.
미야 노리코, 김유영 옮김,《조선이 그린 세계지도》, 소와당, 2010.
미할 비란 외, 이재황 옮김,《몽골제국, 실크로드의 개척자들》, 책과함께, 2021.
수잔 휫필드, 이재황 옮김,《실크로드》, 책과함께, 2019.
스기야마 마사아키, 이경덕 옮김,《유목민의 눈으로 본 세계사》, 시루, 2013.
이완 라이스 모루스 외, 임지원 옮김,《옥스퍼드 과학사》, 반니, 2019.
제임스 밀워드, 김찬영 외 옮김,《신장의 역사》, 사계절, 2013.
티모시 메이, 권용철 옮김,《칭기스의 교환》, 사계절, 2020.
티모시 브룩, 박인균 옮김《베르메르의 모자》, 추수밭, 2008.
티모시 브룩, 조영헌 옮김,《하버드 중국사 원·명》, 너머북스, 2014.
패트리샤 크로운 외, 송경근 외 옮김,《사진과 그림으로 보는 케임브리지 이슬람사》, 시공사,
    2002.
플라노 드 카르피니 외, 김호동 옮김,《몽골 제국 기행: 마르코 폴로의 선구자들》, 까치, 2015.
피터 B. 골든, 이주엽 옮김,《중앙아시아사》, 책과함께, 2021.

하네다 마사시, 조영헌 옮김, 《바다에서 본 역사》, 민음사, 2018.
훌사혜, 최덕경 옮김, 《음선정요 역주》, 세창출판사, 2021.

[국외서]
Anne F. Broadbridge, Women and the Making of the Mongol Empire, Cambridge University Press, 2019.
Morris Rossabi ed., Eurasian Influences on Yuan China, Institute of Southeast Asian Studies Singapore, 2013.
Thomas T. Allsen, The Royal Hunt in Eurasian History, University of Pennsylvania Press, 2006.
Thomas T. Allsen, The Steppe and the Sea, University of Pennsylvania Press, 2018.
Timothy May ed., The Mongol world, Routledge, 2022.
Yuka Kadoi, Islamic Chinoiserie, Edinburgh University Press, 2009.
櫻井智美 編, 元朝の歷史·モンゴル帝國期の東ユーラシア, 勉誠出版, 2021.
藤井崇 編, 論点·西洋史學, ミネルヴァ書房, 2022.
石川博樹 編, 論点·東洋史學, ミネルヴァ書房, 2022.

[학술 논문 및 자료집]
고연희, "영웅을 바라는 그림, 응웅도(鷹熊圖)", 문헌과해석 59, 2012.
김경나, "몽골인의 술 빚기와 취하기: 적당히 마시기 위한 노력의 역사", 전남대 역사문화연구센터·동국대 문화학술원 HK+ 사업단 2022년 공동학술대회 발표논문집, 2022.
김윤정, "14세기 고려-원 관계 확장과 고려의 원 복식문화 수용", 역사학보 234, 2017.
김호동, "몽골제국의 '울루스 체제'의 형성", 동양사학연구 131, 2015.
김호동, "몽골제국의 세계정복과 지배 거시적 시론", 역사학보 217, 2015.
김호동, "울루스인가 칸국인가, 몽골제국의 카안과 칸 칭호의 분석을 중심으로", 중앙아시아연구 21, 2016.
모리 다쓰야, 원대의 도자기 유통 -도자사에서 몽골의 영향-", 아시아도자문화연구 3, 2020.
문중양, "세종대 과학기술의 '자주성', 다시 보기", 역사학보 189, 2006.
박현희, "燒酒의 흥기 -몽골 시기 (1206-1368) '중국'에서 한반도에로 증류기술의 전파-",

중앙아시아연구 21, 2016.
설배환, "13~14세기 카안의 부엌과 몽골 風味의 지속과 변화", 몽골학 49, 2017.
설배환, "蒙·元제국 쿠릴타이(Quriltai) 연구", 서울대학교 박사학위논문, 2016.
설배환, "몽골제국 大都의 탄생과 발전 –사람과 말의 궁정(人馬之宮), 그리고 不在의 권력–", 역사교육 163, 2022.
설배환, "몽골제국 카안울루스에서의 말과 일상의 변화·충돌·조정 –비싸고 짓밟고 늙고 병들고 잃고–", 몽골학 60, 2020.
설배환, "몽골제국에서 황실 여성의 位相 변화", 역사학보 228, 2015.
윤은숙, "몽골제국 시기 황실 통혼과 여성의 정치적 역할 –콩기라트 부족의 활동을 중심으로–", 동양사학회 2020년 동계학술대회 발표논문집, 2020.
윤은숙, "몽골제국 초기 帝位 계승 분쟁 –옷치긴의 군사행동을 중심으로–", 몽골학 23, 2007.
이강한, "1270~80년대 고려 내 鷹坊 운영 및 대외무역", 한국사연구 146, 2009.
이개석, "元 宮廷의 高麗 출신 宦官과 麗元關係", 동양사학연구 113, 2010.
임형수, "고려 충렬왕대 鷹坊의 구조와 기능에 대한 재검토", 역사와담론 93, 2020.
정동훈, "고려 사신의 몽골 잠치(站赤) 이용", 사학연구 134, 2019.
정동훈, "동방왕가의 사업에서 쿠빌라이의 사업으로 –쿠빌라이의 즉위와 고려·몽골 관계의 큰 전환", 한국사연구 191, 2019.
조원, "《飮膳正要》와 大元제국 음식문화의 동아시아 전파", 역사학보 233, 2017.
조원, "元 중후기 醫政제도의 변화와 실상 –至正條格의 관련 條文을 중심으로–", 역사와세계 60, 2021.
조원, 원제국 외래 藥物의 유입과 카안의 賞賜 –南海海上 생산 香藥을 중심으로–", 동양사학회 2022년 동계학술대회 발표논문집, 2022.
조원희, "뭉케 카안 즉위 과정의 재검토를 통해서 보는 集史의 편향성", 몽골학 67, 2021.
최소영, "대칸의 스승: 팍빠('Phags pa, 八思巴, 1235-1280)와 그의 시대", 동양사학연구 155, 2021.
한지선, "15세기 명·티무르제국 간의 조공무역과 인도양 교역 네트워크 –중국 문헌자료에 나타난 세계화의 단상–", 명청사연구 54, 2020.
Iqtidar Alam Khan, "COMING OF GUNPOWDER TO THE ISLAMIC WORLD AND NORTH INDIA: SPOTLIGHT ON THE ROLE OF THE MONGOLS", *Journal of Asian History*, Vol. 30, No. 1, 1996.
Kate Raphael, "Mongol Siege Warfare on the Banks of the Euphrates and the

Question of Gunpowder (1260-1312)", *Journal of the Royal Asiatic Society*, Third Series, Vol. 19, No. 3, 2009.

Stephen G. Haw, "The Mongol Empire – the first 'gunpowder empire'?", *Journal of the Royal Asiatic Society*, Vol. 23, 2013.

宮紀子, モンゴル時代史鷄肋抄 (六) ユーラシアの東西で讀まれた醫學書, ミネルヴァ通信「究」129, 2021.

宮紀子, モンゴル朝廷と『三國志』, 日本中國學會報 53, 2001.

諫早庸一, 「イル・ハン天文便覽」に見える中國曆・ヒジュラ曆換算表の再構 −モンゴル帝國期東西天文學交流の再考, 第 5 回「歷史的記錄と現代科學」研究會集錄, 2019.

諫早庸一, ユーラシアから考える〈一四世紀の危機〉, 史苑 82(2), 2022.

[도록]

조선청화, 국립중앙박물관, 2014.
신안해저선에서 찾아낸 것들, 국립중앙박물관, 2016.
칸의 제국, 몽골, 국립중앙박물관, 2018.
대고려 918-2018, 국립중앙박물관, 2018.
삼별초와 동아시아, 국립제주박물관, 2017.
해양제주, 국립제주박물관, 2020.
고려음, 청자에 담긴 차와 술 문화, 국립광주박물관, 2021.
화력조선」, 국립진주박물관, 2021.
조선무기 조사연구보고서 I: 소형화약무기, 국립진주박물관, 2019.
東アジア中世海道−海商・港・沈沒船, 國立歷史民俗博物館, 2005.
The Legacy of Genghis Khan, Metropolitan Museum of Art, 2002.
The World of Khubilai Khan, Metropolitan Museum of Art, 2010.
Court and Cosmos, Metropolitan Museum of Art, 2016.

[사료]

《고려사》

《조선왕조실록》